U0754346

打造爆款书

让你身价百倍的21个出书法则

晴山 著

台海出版社

图书在版编目（CIP）数据

打造爆款书：让你身价百倍的 21 个出书法则 / 晴山
著 . -- 北京：台海出版社，2024.1
　ISBN 978-7-5168-3733-7

　Ⅰ . ①打… Ⅱ . ①晴… Ⅲ . ①图书—市场营销学
Ⅳ . ① G235

中国国家版本馆 CIP 数据核字（2023）第 215103 号

打造爆款书：让你身价百倍的 21 个出书法则

著　　者：晴　山

出 版 人：蔡　旭　　　　　　　　　　封面设计：一本好书
责任编辑：赵旭雯

出版发行：台海出版社
地　　址：北京市东城区景山东街 20 号　　　邮政编码：100009
电　　话：010-64041652（发行，邮购）
传　　真：010-84045799（总编室）
网　　址：www.taimeng.org.cn/thcbs/default.htm
E-mail：thcbs@126.com

经　　销：全国各地新华书店
印　　刷：三河市嘉科万达彩色印刷有限公司
本书如有破损、缺页、装订错误，请与本社联系调换

开　　本：710 毫米 ×1000 毫米　　　1/16
字　　数：175 千字　　　　　　印　　张：15.5
版　　次：2024 年 1 月第 1 版　　印　　次：2024 年 1 月第 1 次印刷
书　　号：ISBN 978-7-5168-3733-7

定　　价：69.80 元

推荐序

我认识晴山多年，一路见证她的成长，对她越来越佩服。

前不久，她找我为她的新书写序，我很高兴，立马就答应了下来。

作为推荐人，我特别想对读者朋友们说十句话：

1. 在我的心目中，晴山是一个很值得信赖的人。

2. 她深耕出版行业多年，专业能力相当过硬。

3. 她不仅能很好地教作者写书，还能"躬身入局"，创作并出版自己的作品。

4. 论段位，她可以做很多出版人的老师，是高手中的高手。

5. 她的这本书，核心话题是"如何写出一本好卖的书"和"如何把书卖好并有效提高自己的身价"。

6. 我自己出过超级畅销书，研究过几千本书的策划，跟上百位出版人做过交流，还当过多本畅销书的营销顾问，本以为自己已经"很懂行"

了。但没想到的是，我在阅读这本书的过程中，还是能不断地感到惊喜，我很庆幸自己能读到这么好的出版宝典！

7. 晴山很有诚意，她给大家提供了非常详尽且实战性极强的方法论。

8. 我认为，如果把这本书开发成线下课程，其价格最起码得上万元。

9. 想要出书的你，若是遇到了这本书，千万不要犹豫，稍微翻一翻，随便学几招，你就赚大了。

10. 祝各位读者朋友早日实现出书梦，成为真正的畅销书作者。

剽悍一只猫

个人品牌顾问、《一年顶十年》作者

推荐序

晴山老师是我的写作教练。我们是 2020 年认识的，当时我正筹备写作我的第一本家庭教育专著。我写书的初心很单纯，周围很多人都说："李老师，你这么专业，应该出一本书呀！"于是我就写了几万字，但是对于怎么策划、怎么写书、怎么出版、出版了有什么用，我一无所知。正当我需要一位"写书教练"的时候，我太太朱玲把晴山老师推荐给了我。

看了我写的内容，晴山老师说："你的专业度很高，这是一本肯定能'卖爆'的畅销书！"我听了以后大受鼓舞。更让我赞叹的是，晴山老师不只是指导我写作，她对出版流程、出版政策、市场动向、选题策划了如指掌。她还带领我看到出版更大的意义，让我的思想更好地传播，让更多的家长和孩子受益，同时让更多的人通过书认识我，图书将是我行走的金名片和验货贴。我原本只是"为了出书而出书"，但和晴山老师沟通完，我明白了写书出版的过程更是明心见性、文以载道、成人达己的过程，于是我出书的信心、动力都被点燃了，写书的发心也蹭蹭蹭地上了好几个层级。

与晴山老师每次的一对一教练，她都是"授人以渔"，为我指出需要调整的问题，讲解相应的写作要领，然后布置具体的修改任务。在这样的沟通下，我很快地掌握了写书的技巧，书稿也在有条不紊地推进。

初稿完成后，晴山老师又同我一起来回调整打磨了几个月，书稿就进入了出版流程。从书籍的排版、装帧、封面样式到书名、文案等，晴山老师全程把关，我的新书《高分专注力：孩子提分，抓好这 9 大场景就够了》得以顺利出版。紧接着她又辅导了我新书期的图书营销。结果，《高分专注力》上市当天就爆卖了 2 万册，拿到了当当网 12 个榜单的第一名！

出版后，我不断享受着这本书给我带来的好处：陆陆续续有家长通过这本书加我微信，报名后续的课程；与人谈合作，只要带着一本《高分专注力》，我就拥有了强大的背书，瞬间碾压竞争对手；我还招募到一批创业私教学员，跟我学习如何做家庭教育创业；很多书店、机构都邀请我去开签售会……这本《高分专注力》为我的事业打开了全新的局面，让我的影响力和势能都迈上了一个大台阶。

以上这些，都离不开晴山老师专业、走心的指导。这本《打造爆款书》是晴山老师指导图书出版、营销的经验之作，一定会让你的书卖到爆！

李嘉树

《高分专注力》作者

自 序

在正式介绍这本书之前，我想先给大家讲个故事。

2017 年初秋，北京的天空万里无云，我搭飞机去重庆组织一位知名作者的新书发布会。航班一早从首都机场起飞，一切都很顺利。每次坐飞机我都喜欢坐在窗边，安静地看着窗外的景色。起飞没多久飞机就到了平流层，大家在飞机上有说有笑，吃顿饭、喝点饮料的时间就到重庆上空了，空姐说还有 35 分钟就降落了。

没想到刚到重庆上空，云层一下子变得厚实起来，飞机像钻进了脏脏的大棉被，坐在机窗边的我看着窗外，能见度迅速降低。飞机一边穿越云层，一边下降的过程中，我感受到了持续的颠簸。突然，飞机一下子直线往下掉，感觉像失去了控制，我心里猛地一揪，周围的乘客也都不禁大叫起来，空姐也吓得花容失色，纷纷回到工作仓。飞机好不容易不再直线下降，慢慢恢复了控制，紧接着又开始了剧烈颠簸，犹如过山车般的颠簸让我的胃恶心难受，我吓得闭上了眼睛。

还没从难受中恢复过来，飞机又开始了第二次失控似的直线往下掉，身体失重，突然我睁开了眼，看着窗外，云层已然没有之前那么浓密了，阳光也出现了，飞机噌噌穿过云层掉落，可以清晰地看到云层的阴影斑驳，飞速掠过机翼。伴随着飞机剧烈的颠簸，在众旅客的大叫声、各种餐具丁零当啷的声音以及机组上惊慌失措的提示铃声中，我猛地清醒了：这不是在电影院，也不是在梦中，自己正在万米高空急速掉落的飞机上。

在这云层穿梭颠簸之时，我揪着的心却渐渐平静下来，我突然意识到这个场景似曾相识。我一直一如平常地生活着，不温不火，每天上班下班，单位家里，直到有一天我狠狠地撞在了一堵墙上，撞得鼻青脸肿，感觉自己就像在云层里颠簸的飞机一样，一度失控，一度惊心动魄，痛得不能自已。

我不禁想起山本耀司的这句话："自己"这个东西平常是看不见的，只有和很强的东西碰撞之后，你才能看到自己。是的，跟很强的东西、可怕的东西、水准很高的东西相碰撞，反弹回来，然后你才知道"自己"是什么，这才是自我。

正是因为撞上了这堵"墙"，把自己反弹回来了，我才意识到自我的存在。以前都是身体上活着，这次突然真实地撞击到了我的心，让我意识到这个自我，这颗心，它实实在在地存在。这个内在的自我觉醒了，它睁开了眼睛，原来它也会疼，它也会有反应。

原来，我是我自己，我不是谁的女儿，不是谁的妻子，不是谁的妈妈，不是谁的员工，不是谁的……我首先得是我自己。如果没有自我这个 1，其他一切身份的意义都是 0。

当我意识到自我的时候，我发现它已经被我忽略了很多年，一直尘封在角落里。当鼻青脸肿的我小心翼翼地打开它时，我才发现自己找到了生命的源头。

当想到这些时，我感觉一股心流划过，这大概就是所谓的高峰体验吧。我暗自思忖：如果这一刻飞机坠落了，自己后不后悔？答案是肯定的，因为这一生，我甚至还没有真正地开始过。

此时此刻在离地万米的高空中，我泪流满面，任由泪水冲刷着自己的心灵。在那一刻，我真真切切地感受到自己的生命是如此珍贵和脆弱，自我又是如此宝贵。我不甘心就这样结束，我还没有开始我的人生呢，我不能就这样草草地了结一生！于是，我在心里不停地虔诚地祈祷着：老天爷，这次如果能让我平安落地，我一定好好珍惜自己，活出独一无二的自我。

老天爷好像听到了我的祈祷，渐渐地，飞机得到了控制，先是停止了下落，慢慢地，颠簸也逐渐好转，这时大家才松了一口气。邻座的大哥歪着头看了我一眼，许久没作声，拿着纸巾想递给我却欲言又止，他估计觉得我是被吓哭了。但我内心很笃定：我的心中充满了前所未有的踏实、感恩和希望，因为在这短短的几分钟里，在这个生死关头，我终于觉知到内在自我的存在，我已经与内在的自我链接上了，我明白了自己存在的意义和价值！

我觉得这一刻太不容易了，能悟到这一点也太不容易了，尽管后面的飞行中，飞机还有一点小颠簸，但我依然沉浸在自己的思绪中。直到飞机张着翅膀稳稳地落在重庆江北机场，我那颗始终悬着的心才终于落定下来，我知道自己重生了。

感恩老天爷用这种隐喻帮我开启了自我觉醒，记得那天当我扶着舷梯从飞机上走下来的那一刻，清风吹拂着那张还带着泪痕的脸，我却觉得美好。我静静地驻足看向远方，我第一次觉得天是那么蓝，朵朵白云点缀其间，美得不像话，耀眼的阳光洒在人间大地，也暖洋洋地照在我的身上。我的内心一下子翻涌着无比多的感恩和喜悦，如火山爆发一般喷薄而出，眼泪再一次决堤。但那一刻我知道，活出自我是我重生的主题。

故事讲完了，生活还在继续。从那次的事件之后，我像变了一个人，不论是在工作上，还是在生活中，我全身心地投入，全然地绽放。

我是一个出版人。

2018 年 6 月，我获得原单位提拔，单独开拓一个新部门，专攻经管类人力资源实务图书，开辟了国内人力资源实务图书的先河，影响了一批又一批的管理类作者和读者。

2018 年 9 月，我获得辅导 IP 作者写书的机会，累计辅导 200+ 大IP 作者，1000+ 素人作者。

服务了那么多的作者，我发现他们有很多痛点，不懂得市场需求，不懂得写书的技巧，不懂得图书营销，不懂得如何利用图书变现，因而很多有水平的作者对出版越来越不感兴趣，因为看不到成效；很多有出书需求的作者不会写书，因为没有技巧。在新媒体的渠道下，传统出版如何适应新的营销和宣传方式？带着这些思考和课题，我开始了自己的探索之路。

2018 年 9 月，我意识到个人品牌是出版的顶层设计，我开始学习个人品牌，跟着秋叶大叔、剽悍一只猫、李海峰老师、Angie 老师、肖厂长、素宣老师、泽宇老师等人学习。

2020 年，我从出版社辞职创业，专门赋能作者通过出版打造个人品牌，累计服务上百人。带领很多作者通过出版完成了自己势能和影响力的三级跳，10 倍赚回学费。

2021 年，我把多年来工作、学习、实践的出版知识和个人品牌知识结合起来，完成了这本书的初稿。

2022 年，在辅导作者的过程中，我发现市面上没有一本书能快速提高普通人的写作能力，于是我又开始研究写作，家里收集了 100 多本写作书和无数写作课，最终我形成了一套快速提升写作能力的方法论（这本书我也完成了，但暂时没有出版）。

2022 年，我又沉下心来，全身心地钻研图书营销，一直到现在迭代到 4.0 版本。

2022 年，我把长期以来打造的爆款图书总结优化，形成方法论并细致沉淀，梳理出来。

2022 年底，我明确了自己的使命：以写入道，文以载道，明心见性，而这恰好完美地融合了我的策划人、出版人、写作人、教练、个人品牌顾问的多重身份。

2023 年，我用自己总结的爆款书打造体系和写作体系，不断在作者们身上得到验证，一次又一次地拿到结果。

彭芳《引爆：IP 发售与文案高手》、李嘉树《高分专注力：孩子提分，抓好这 9 大场景就够了》、王不烦《如何成为会赚钱的妈妈》、笛子《Tik Tok 爆款攻略》、孔蓓《打爆：个人品牌实战手册》等图书几乎霸榜了当时当当网新书榜总榜第一。

2023 年 8 月，我成功地发起了"全民阅读"系列标准的建设工作，将在"分级阅读""高倍速阅读"和"读书会运营"方面建设专业的团体标准，赋能行业发展。

2023 年初，看着这本自己总结多年的精华，我不知道该不该出版，一来因为这些都是我自己学习实践的精华，极其有分量和价值，是否有必要用图书这么大众的形式来分享；二来这是一本小众图书，注定不会有太大的市场。

但是在我获得重生之后，我一直有个心愿，就是希望能够为这个世界创造价值，为世界的美好贡献自己的一份绵薄之力，所以最终我决定把它拿出来出版。毕竟我个人的服务和辅导是有限的，还有很多作者希望得到我的指点。我也希望自己能够帮助到更多的有缘人，能够让更多人受益！

于是我花了将近 4 个月的时间打磨和优化内容，其间也做了 100 多次调研，同时结合了 500 多次的咨询，把大家关心的高频问题都总结了出来，就是力求对大家有用。书稿完成后，我将本书拿给很多业内前辈看，得到了多位顶级出版人的肯定。

我深知这本书一定能给想通过出版打造个人品牌的作者非常大的帮助，一定能给大家带来价值，帮助和影响很多人。

关于这本书，我还想强调以下几点：

1. 这本书是我"13 年的出版经验 + 6 年 100 万学费的品牌及营销学习 + 5 年 1000+ 作者辅导实践"的精华，是一套被不断验证成功的个人品牌 + 出版 + 写作方法论。

2. 请务必将它读完，哪怕用到一点，你也会有很大的收获。

3. 不少社群的群主表示，这本书不仅适合打造个人品牌的作者阅读，还适合社群的内容整理官阅读，不仅有出版和个人品牌的实践，还有具体细致的内容萃取和写作方法。

4. 如果你通过践行本书所述的方法，取得了好成绩，请一定要告诉我，我的微信号是：qingshangerenpinpai（"晴山个人品牌"的拼音）。

5. 如果你觉得这本书特别有用，欢迎将它推荐给你身边正在写书的朋友。

前　言

重新定义出版的价值：
图书是打造个人品牌最深的护城河

【请你带着这些问题阅读】

1. 图书出版对个人品牌的价值打造有什么作用？

2. 为什么说图书出版是打造知识 IP 的起点？

3. 为什么说图书出版是打造知识 IP 的放大器和捷径？

2016 年是知识付费的元年，从这一年开始，中国进入了知识付费的时代。数据显示，2022 年中国知识付费市场规模达 1126.5 亿元，2025 年将达到 2808.8 亿元。同时，互联网日新月异的技术加速了知识付费平台的发展，得到、知乎、小鹅通等不同模式的知识付费平台相继在市场上崭露头角，知识付费行业逐步迈向产业化。

在这样的背景下，越来越多的知识 IP 涌上舞台。大家深知，打造自己的商业品牌就是要主动管理大众对自己的认知，而通过出书将自己的知识、经验和故事分享出去，是打造个人品牌的高效途径。于是，出版市场也随之发生了很大的变化，出书不再是高校老师评职称或出教材的专属，也不再是知名作家的专利，越来越多的知识 IP 涉足出版领域，既实现了知识价值的多元化，又极大地丰富了图书市场。于是，个人品牌迅速在出版行业拥有了一席之地。

个人品牌，是一个标签，是别人对你的一个印象。现实生活中，每个人在别人的印象当中都有一个标签，只不过这种标签、印象大多是无意识的、模糊的。与其让别人来给你贴标签，倒不如自己主动寻找定位并持续打造个人标签，这样个人标签更精准，留给别人的印象也会更深刻。美国著名企业管理者汤姆·彼得斯说过，21 世纪的工作生存法则，就是建立个人品牌。不管是企业还是个人，都需要建立自己的个人品牌。这个世界瞬息万变，伴随着移动化智能手机的普及，很多传播方式都发生了改变。打造个人品牌，是"头部效应"下的生存战略，谁拥有个人品牌，就意味着谁拥有更多的流量。

如今，个人品牌层出不穷，如果不及时打造个人品牌，以后会更难赚钱。现实中，有五种个人 IP 一定要做，分别是：明星 IP、网红 IP、创始人 IP、电商带货 IP、知识 IP。

第一种，明星 IP。很多明星都拥有顶级流量，这些明星不论穿什么衣服、背什么包，都会受到粉丝们的追捧。

第二种，网红 IP。这些网红包括抖音、快手、视频号上的一些网红 IP。

第三种，创始人 IP。如罗振宇、马化腾、马云。

第四种，电商带货 IP。如东方甄选董宇辉。

第五种，知识 IP。如樊登、刘润、李海峰、秋叶大叔。

在互联网时代，越来越多的个体开始闪闪发光，变得有影响力。每一个有专长的人、有知识的人，都可以成为一个 IP。那么对于 IP 这个群体来说，如何更好地打造个人品牌，为自己做有力的背书呢？

出版图书值得引起重视。很多人都认为图书出版与自己距离遥远，认为出书是专家、教授的专利。但在知识付费时代，越来越多真实 IP 的涌现，让图书出版逐渐大众化。在今天，我们需要重新定义出版的价值。

罗振宇说过一句话：职场以至于未来社会，最重要的资产就是影响力，而构建影响力的方法，一是写作，二是演讲。

大家或许看过一篇名为《出租车司机给我上的 MBA 课》的文章。这个"我"就是刘润——中国最贵的商业顾问。2006 年，刘润发布了这篇文章后，紧接着就开始在"得到"上授课，同时，《5 分钟商学院》《商业洞察力》《底层逻辑》等图书也相继出版并爆卖。"刘润"这个品牌，通过图书再一次放大了影响力，也不断奠定了刘润在商业知识 IP 的顶流地位。

我的作者——"妈妈不烦"的创始人——王不烦，也是通过出版《如何成为会赚钱的妈妈》这本书，持续获得图书市场和图书渠道的热烈关注，连续两个月雄踞当当网新书榜第一，再一次获得了自己私域和公域的爆发，影响力和势能都得到了指数级的放大。

我的作者彭芳，作为发售和文案方面的高手，也是通过《引爆：IP 发售与文案高手》这本书，不断地引起了自己的学员的关注、对她感兴趣的人的关注、整个图书市场渠道的关注、图书传播带来的陌生流量的关注，从而完成了势能和影响力的华丽升级。

畅销书犹如在漆黑长夜里突然引爆的绚丽烟花，有的超级畅销书更是如迪士尼大型烟火晚会，持续爆发，持续绚烂，绚烂夺目的烟火不断地照亮天空，给人们带来了光亮，也影响了越来越多的人……

作为一个资深出版人，我看到了他们过硬的专业知识，并通过出版让他们的影响力十倍、百倍地扩大，不断加持着个人品牌的发展。

图书出版是打造知识 IP 的起点

第一，出版是帮助你强化定位、强化个人品牌的，能够帮助你占领该领域客户的心智、成为该领域的头部，出版是打造知识 IP 最深的护城河。如果你的竞争对手与你共同竞标一个项目，当你著作等身而对方没有，那你的竞争力不言而喻，客户肯定会优先选择有公开出版物做背书的专家。

第二，相对于其他传统曝光方式，如上电视节目采访，图书出版对作者的势能要求并不高，门槛也不高，素人作者也可出书。当然有些图书，如畅销书，对作者势能要求很高，名人明星、知名企业家出书，总是有一群粉丝去买，因为他们的成就和知名度早已为他们建立了一座流量池。

图书有很多品类，普通作者大可不必拘泥于某一类图书。新人作者完全可以选择实务板块，如干货类图书，作为踏入出版行业的试金石。这类图书对作者势能要求不高，只要作者有足够的专业知识、有足够的诚意、有足够好的呈现，一个新人作者完全可以通过一本高品质的图书变成一个畅销书作家。所以对于一些新人作者来说，干货类图书不失为一个非常明智的选择。

第三，学习最好的方式是通过输出倒逼输入，如果作者能够通过写书这个过程，沉淀知识，总结经验，梳理出知识脉络，搭建起自己的知识体系，那这个知识体系就是你的宝藏，也是打造知识 IP 的前提。通过有逻辑、有休系地输出，把之前所有的输入、学习、总结和积累的知识，真正转化为自己所有，形成自己的知识体系。

很多知识博主可能会有这样一种感受：做一套课程很快，但写一本书很慢。这是因为图书的扎实程度、质量标准、生命周期、传播范围、传播速度、官方背书都有较高的品质，与课程不可同日而语。书其实是个载体，也是个副产品，所以说出版是打造知识 IP 的起点和前提。

第四，图书出版是高质量产品的输出，可以由此开发出一系列的产品矩阵。自 2018 年以来，国家大量削减书号，图书出版进入供给侧改革阶段。国家和市场都在呼吁出版更多原创的、高质量的图书，杜绝粗制滥造的图书。

作者可以以图书为起点，进一步化书为课，后续可以基于这本书的内容开发课程、训练营、社群等其他产品。所谓万变不离其宗，这些作品都可以围绕图书来展开。

图书出版是打造知识 IP 的放大器

图书会源源不断地给作者带来曝光

想要一篇文章得到 10 万 + 的曝光量很难，但是如果你的图书在当当和京东的页面上，在同类图书里排前几位，全国的当当、京东移动 App 用户在打开 App 搜索图书的同时，曝光量很容易就达到 10 万 +。

图书会给作者带来新的流量

图书的传播力和影响力非常大。在图书出版之前，作者要会造势，要发动各个平台和媒体去宣传。图书出版之后，出版社和作者也要配合宣传、曝光。如果图书能在一些行业的专业平台上得到推荐，那这本书就会不断地破圈，产生涟漪效应。新书上市前后，作者与各种大咖连麦，图书在得到不断曝光的同时，作者也不断得到优质的曝光，个人品牌的势能自然就水涨船高，这时图书带来的流量是非常优质和精准的。

图书在公众心智中的锚定作用

在社会大众的观念中，图书是专业化的象征。在公众的心目中，一本书的作者就是当之无愧的该领域的专家。

一篇爆文的生命周期是多长？等到下一个话题爆文出来，它就会被信息的浪潮席卷而去。一个课程的传播范围有多广？最大可能就是在作者的这个专业圈子里。而图书，在生命周期和传播范围方面有着得天独厚的优势。所以说，图书出版是打造知识 IP 最好的放大器。

有一位作者告诉我，自从出了书后，每到需要投标或者见客户的时候，他根本不需要再去推销自己，自己出的书就是一张金名片，在客户决策过程中，它起到了举足轻重的作用。

图书有国家官方的加持，更容易受到行业内的认可

一本书的出版，是国家新闻出版总署通过书号的方式赋予了官方的认证和背书，并经过了山版社严格的三审三校流程。这是官方对作品内容和作者的认可，有了这样的官方认证，更容易受到行业内的认可。在很多行业内的职称评选和晋级标准中，都会有出版物这一项考量。出版一本书，往往比写很多篇爆款的新媒体文章更容易被认可，由此可见图书出版在专业行业内的分量。

图书出版是打造知识 IP 的捷径

打造知识 IP 可以借势出版社团队的力量

图书可以源源不断地带来优质、精准的流量。如果说做一个课程、训练营等是作者个人行为的话，那么图书出版就是作者和出版社共同发力。在作者签了出版合同后，甚至在签合同之前的选题策划阶段，这个选题其实就不仅仅是作者的个人行为了，因为将有一个专业的出版团队全程助力打造这本书，这个过程同时也是打造作者的知识 IP 的过程。所以，图书出版是一个极好的打造知识 IP 的捷径。

一本书的诞生，是一个团队的专业行为，有策划编辑帮助作者定位方向、策划选题、指点目录；有项目执行编辑帮助作者润色书稿、三审三校；有美术编辑帮助作者设计封面和版式；有营销编辑帮助作者共同调动资源，宣传和营销。这群专业的人为你服务，为你出谋划策，帮你宣传，帮你卖书，帮你省掉很多工作，而且还支付给你版税。所以，对打造知识 IP 的人来讲，图书出版就是一个显而易见的捷径。

新人作者要想打造个人品牌，需要团队、渠道和资源，如果没有辅助，全靠自己其实挺难的。但是出版图书，只要作者有专业知识，就可以搭上出版社的东风，通过一个专业的机构和团队来助力自己出书，同时更快、更好、更专业地打造自己的知识 IP。

图书的定价低，性价比高，更容易破圈

国内大部分的图书定价都不高，基本上都在百元以内，打完折也就几十元钱，要是做活动的话，还会折上加折，通常只需一杯奶茶钱就可以买本书。所以图书对于大众来讲是一个性价比非常高的产品。图书产品质量高、背书强、定价不高，有这些优势加持，所以图书特别容易打破原有圈层，链接到一层又一层的更多的新流量。

　　举一个例子，我有一个作者，他是做专业培训的，而且是一个非常小众的行业培训。在出版了一本书之后，他不仅链接了更多需要这种专业认证的企业的流量，而且因为这本书的权威性和专业性还得到了客户的上级主管单位的推荐，打破了他原有的圈层，进一步放大了他的影响力，之后还有高校邀请他去讲课，他又一次破圈了。正是这本书帮助他链接了更加优质的、更高层的圈层。圈子对了，一年顶十年，这对他的发展来讲是非常有利的。

　　还有一个作者，她出了一本关于招聘的书，一次她去应聘一个世界500强企业，没想到面试她的 HR 居然看过她的书，面试就这样变成了粉丝见面会，她很轻松地就拿到了这个 offer，年薪百万元。

　　从事编辑工作十多年来，我见证了太多的素人作者从行业小白，通过出版图书，走到了行业大咖的位置。可以说在打造个人品牌的道路上，图书是撬动个人品牌的杠杆。

　　我的另一位作者，十多年前在我刚当编辑的时候，他也刚做律师。他从一开始就认识到出书对自己的价值，从写简单的普法书到更专业的实务书，他笔耕不辍，以一年一本书的速度规划自己的图书出版事业，如今他已成为全国知名的律师。每次他介绍我的时候，都会说"晴山是我的贵人"。持续不断地出书倒逼自己，犹如搭乘了电梯，能让你变得身价百倍。

　　图书的内容质量高、生命周期长、成本低、传播范围广。一本一本的书出版后，就像蒲公英一样，满山遍野地飞，传播它的种子。一本书给作者带来的各种流量、资源、机会和影响力，唯有尝过甜头的人才能体会到这其中的奥妙。

图书出版已经成为打造个人品牌非常关键的一环，越来越多的人已经意识到这一点。出版图书不仅可以帮助作者搭建自己的知识体系，开发产品矩阵，还能够不断地给作者带来曝光和认可，提升个人影响力，因此出版图书成为打造个人品牌的不二法门。

不是因为你出名而写书，而是因为你写书而出名。每个作者都有经由图书出版而放大自己个人品牌的机会，图书出版也是对普通人打造个人品牌最友好的方式。人无法赚到自己认知之外的钱，同理，人也无法赚到自己认知之外的影响力。凡是认识到这一点的作者，赶快行动吧！

目 录

Chapter
01

爆款图书定位的 4 个核心算法 / 001

1. 个人品牌定位：

    图书出版定位的顶层设计 / 003

2. 主题定位：

    3 步轻松搞定主题定位 / 012

3. 读者定位：

    4 个维度紧紧锁定读者需求 / 027

4. 出版定位：

    最容易被作者忽略的战略定位 / 038

Chapter
02

爆款图书策划的 3 个关键点 / 047

5. 新手上路：

新人作者如何策划选题才容易出爆款 / 049

6. 知己知彼：

2 大维度充分挖掘图书卖点 / 057

7. 隐秘的雷区：

重视与编辑的高效沟通 / 065

Chapter
03

爆款图书逻辑结构的 3 大要点 / 077

8. 告别混乱：

如何搭建书稿中的逻辑结构 / 079

9. 万能结构：

黄金圈法则及其引申用法 / 091

10. 高级法则：

用好 MECE 法则提升书稿表达效率 / 101

Chapter
04

爆款图书高质量成文的 6 大秘籍　　　　　**/ 111**

11. 换个视角：

让你的可见资料翻倍　　　　　　　　　　/ 113

12. 有的放矢：

4 步高效搭建知识体系　　　　　　　　　 / 120

13. 拒绝低效：

作者必知的 4 种极简写作方法　　　　　　 / 127

14. 专心写作：

高效输出的 9 大心法　　　　　　　　　　/ 135

15. 守好红线：

写书中如何掌握好知识产权问题　　　　　 / 142

16. 以终为始：

如何用目标管理来倒逼正文写作　　　　　 / 153

Chapter 05

爆款图书破圈引流、变现的 2 大方法　　　**/ 161**

17. 流量是稀缺品：

　　如何利用图书破圈和引流　　　/ 163

18. 点石成金：

　　如何留存和转化图书流量　　　/ 171

Chapter 06

爆款图书营销的 3 大建议　　　**/ 179**

19. 画龙点睛：

　　如何起一个灵魂书名　　　/ 181

20. 用心连接：

　　如何准备文前、文后等材料　　　/ 190

21. 不战而胜：

　　3 步做好图书预售期的准备　　　/ 197

后记　　　**/ 203**

彩蛋　　　**/ 206**

Chapter

01

───────────

爆款图书定位的
4 个核心算法

个人品牌定位：
图书出版定位的顶层设计

【请你带着这些问题阅读】

1. 为什么写书前要做好个人品牌定位？

2. 写书时如何准确定位个人品牌？

3. 打造品牌标签时需要注意哪些事项？

定位是打造个人品牌的首要任务。不仅要花时间找到它，而且要清晰地设计出行动流程，这才是有效的定位。

写一本书，不同于写一篇文章、录一个课程。一本书能够出版，对作者的要求非常高，需要作者投入大量的时间和精力，一本书的写作周期一般是 3 ~ 6 个月，有的内容难写的书甚至需要更长时间。

书的选题方向有很多，那么在写书之前如何找准定位，确定选题方向呢？

这里至少要考虑 3 个因素：作者个人长期深耕和积累的方向、作者未来个人品牌的定位以及市场的需求。这一章，我们主要说说作者个人品牌的定位问题。

为什么写书前一定要做好个人品牌定位？

写书不仅仅是为了出版，作者尤其是知识 IP 出书之后，如何利用这本书去不断地打造影响力、开拓新市场，不断地去破圈，这是作者写这本书更重大的意义。所以一个醒目、有优势的定位格外重要。

个人品牌打造有 7 个赛道：教育、出版、培训、咨询、创始人、电商、网红。对于知识 IP 来说，可以选择的赛道一般有以下 4 个：教育、出版、培训、咨询。选择这几个赛道的前提是要有系统的内容知识框架，而出版则是输出内容体系最好的方法。在知识 IP 打造个人品牌的过程中，图书出版非常重要。刘克亚老师也曾说过，未来，图书出版在营销中将占据不可替代的作用。个人品牌打造与图书出版，它们都不是独立存在的，是在一个系统里，没有谁脱离得了谁，它们相互成就。

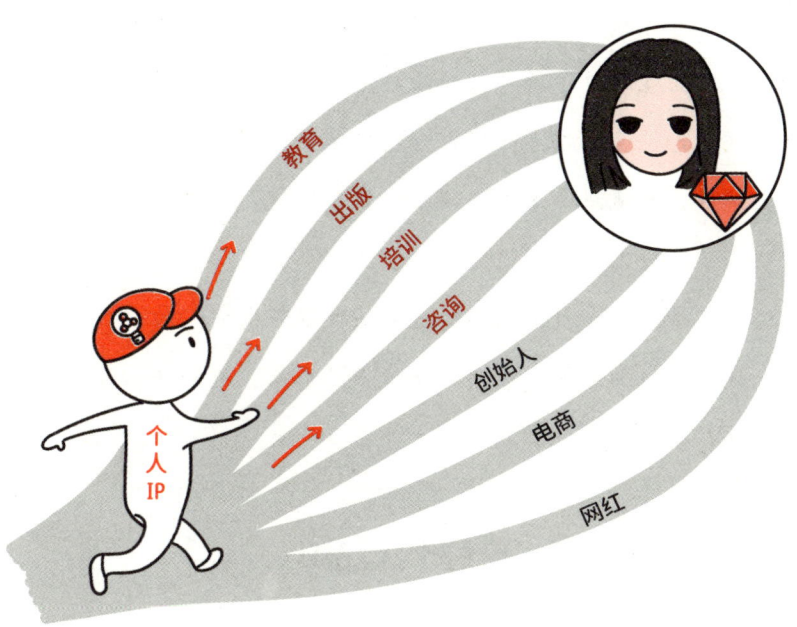

　　在这个系统中，个人品牌是顶层设计，需要先行。当个人品牌定位确定之后，再启动出版。新人作者一定要有这个意识：出版要围绕个人品牌的打造去服务。在我接触的很多作者当中，曾经有一位作者想写一本书来记录一个即将消失的房地产行业制度。我听后很纳闷，问他："你的身份到底是什么？是学者？是史学家？你要知道，等你这本书写出来并出版的时候这个制度已经过期了，你出版这本书还有什么意义？"所以作者要知道自己的身份，要知道自己写书的目的是什么，写书是为打造个人品牌服务的，而不是想当然地闭门造车。

王老吉凉茶伴随"怕上火，就喝王老吉"的广告语走遍大江南北，它的成功也是建立在确定正确定位的基础上的。在之前，王老吉一直没有一个明确严谨的定位，品牌方开始走访经销商、消费者、公司内部，做了充足的市场调查，发现消费者在烧烤、火锅、通宵聚会等场合，对王老吉的评价较高，"不会上火""很健康，很清凉"，品牌方最终确定了"预防上火"这个定位。紧接着，以"怕上火，就喝王老吉"的广告语打响了推广的第一战，不断加强着它在消费者心中的形象，进而使它在市场上占据了重要的位置。

找好主、副标签，轻松定位个人品牌

个人品牌是一个人的标签，而个人品牌定位是别人一提到你就想到的关键词。比如一想到超级符合，就会想到"华与华"兄弟；一想到听书读书，就会想到樊登读书会；一想到妈妈群体，就会想到"妈妈不烦"。这个标签分两种，主标签和副标签。主标签是突出作者的专业能力，副标签是为了增加作者的温度和人设，在现实中与客户有更多的链接。

上文中我们提到，在图书出版前要做好个人品牌的定位，因为图书出版也是为个人品牌服务的。那么我们如何准确定位自己的个人品牌呢？

1. 找到主标签

主标签要根据自己所在的品类赛道的特点，再加上个人专长去打造。一般来说，主标签是作者的核心能力，它的存在是为了打造作者的专业影响力。主标签的打造方法是"新木桶原理"中的"长板打法"。传统的"木桶原理"中的观点是要补足短板，因为木桶的容积由最短的那块板所决定。"长板打法"就是要去强化最突出的优势和长处，让这块长板醒目到让别人不可忽略的地步。这时候大家只要一想到这个领域，自然而然地就会想到你。你与这个领域就成了强关联。等你有了一定的资源和机会的时候，再带着打造最长板的经验总结去补足其他的短板。

那么，一个好的主标签的标准是什么？

（1）市场需求大。

（2）高价值，容易变现。

（3）作者有一定的专业、才华，不容易被模仿。

就如秋叶大叔与 PPT 的标签选择。秋叶大叔通过当年投影仪的采购数量推断出 PPT 的市场需求是巨大的，而当时只有大型企业才有实力做 PPT 技术培训，市场上普遍的 PPT 培训单价很高，秋叶大叔发现这个市场后，果断投入并不断做大做强，出版相关图书、课程，建立起了很深的护城河。

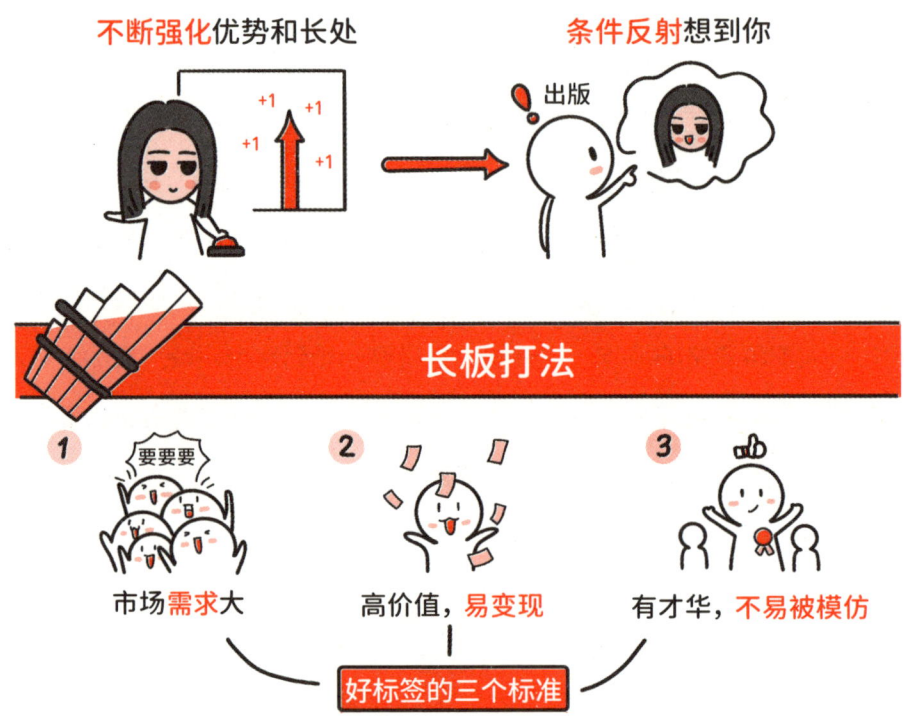

2. 打造副标签

副标签可以有多个，它的用途是打造作者个性魅力点和记忆点，从而扩大个人影响力。副标签是为主标签服务的，它可以有多个，而主标签只能有一个。好的副标签有以下标准：

（1）丰富人设，让作者有更多的闪光点。

（2）增加认同，让这个人设有温度，让周围的人能够产生共鸣，从而愿意去接近他、信任他。

（3）方便出圈，正是由于这么多的共鸣和信任，所以也更容易破圈，吸引更多的流量。

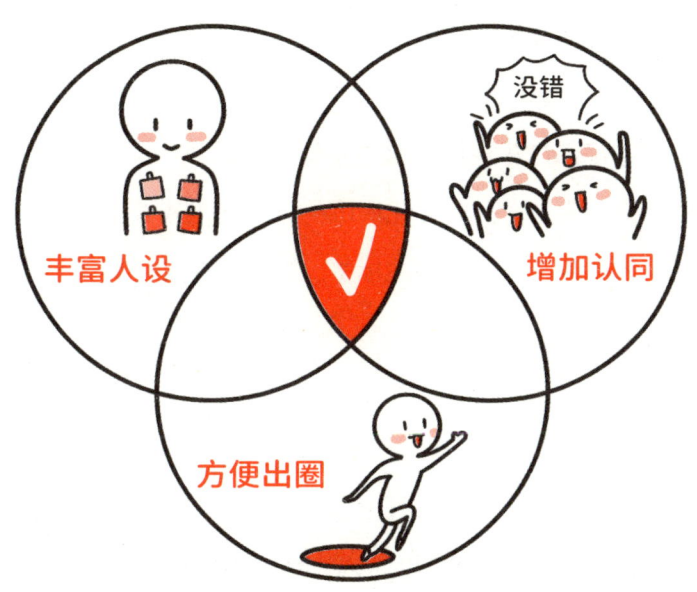

只要抓住这 4 点，精准立体打造个性标签

1."1 个主标签 +N 个副标签"组合的利用

值得注意的是，在个人品牌定位中，主标签只可以有一个，需要非常突出，且不容易被模仿。副标签可以有多个，但是不能与主标签冲突。比如，我有个作者，她是一位企业创始人，同时她也是一位知名的高管教练。她未来希望能够投身于高管教练工作中，因此她选择的主标签是高管

教练。同时在生活中，她有两个儿子，因此她选择"二孩妈妈"作为自己的副标签，可以在高高在上、冷冰冰的主标签之余，产生很多温暖的连结点，吸引很多妈妈们靠近，产生更多的链接和共鸣。副标签可以更接地气，让更多有相同背景的人相信和链接。

2. 副标签不可以过于突出，超过主标签的风头

如果副标签风头太大，就会让周围的人不知道重点是哪一个。这时候就需要调整一下标签，重点突出主标签，要明白其他副标签是为主标签服务的。

3. 副标签不可过少

副标签太少，就会让人觉得这个人设干巴巴的，没有意思，不想去靠近和学习。这种情况需要再补充一些副标签，像热爱乐器、爱养花养草、爱做手工等。这样让人觉得有烟火气、有温度，是一个真实的人设。

4. 主标签卡住赛道做第一，才是真正卡位个人品牌成功

如何才能成功卡位个人品牌？首先，个人品牌卡位最先卡的是主标签。其次，大家要注意的是，标签不是自己喊在口头上，也不是印在名片上的，不是说找到了定位，就是成功打造了个人品牌。生活技能、业余爱好、证书身份，这些都卡不住主标签，个人品牌具有公信力，需要公众或者官方的认可和榜单背书，这样的主标签才算是真正卡住了。

　　值得一提的是，出版的图书可以考虑官方的榜单和市场的榜单。官方的榜单是指国家的评选榜单，比如入选"十四五"规划、获得文津图书奖等都是一份极大的加持。但是官方的榜单可遇不可求，对于新人作者来说，关注平台榜单更加实际一些，像当当、京东的榜单，一旦打爆也会给这本书带来持续的曝光和流量，会让更多的人知道和认可。如果说在一个大类领域占据榜单很困难，可以选择下面层级的榜单，集中精力打爆一个，照样可以占据这个细分领域的头部。

　　当个人品牌定位好了，再来策划图书。出版图书可以让作者拥有更大的知名度和影响力，所以个人品牌定位一定要先行。

【爆款关键点】

　　在非虚构类的图书出版中，个人品牌定位是图书出版的顶层设计。在现实中，很多作者在写书之前不考虑自己的个人品牌定位和事业发展方向，导致花了很大的人力、物力、财力，出的书与自己的后端事业不匹配，反而带来很多甜蜜的烦恼，吸引来的粉丝无法用后端产品承接，这其实是非常可惜的。所以在图书策划中，要充分考虑自己的个人品牌定位。

主题定位：
3 步轻松搞定主题定位

【请你带着这些问题阅读】

1. 主题定位时会出现哪些问题？

2. 怎么运用 3 步主题定位法？

3. 定位主题时最重要的是什么？

　　想要出版图书的作者一般积累都比较深厚，可能多个领域均有涉猎，不止一个主题能出书，这就会令很多作者在选择主题时陷入误区，导致确定的主题不能完美表达自己真正的水平。那么如何选择写书的主题呢？这需要考虑市场需求、作者准备的成熟度、作者的需求，甚至包括未来事业的布局等。成熟的主题定位有利于吸引精准读者，让更多的群体受益，这样书自然就容易成为畅销书。

最容易卡在主题定位的 5 种高频问题

1. 待写主题太多，作者不知如何选择

对于计划写书的作者来讲，不论是专业上还是生活中，都有很深的积淀和思考，所以可以选择的写作主题有很多。

有个管理咨询公司的创始人在工作上做得非常出色，在家庭生活中也把两个孩子培养得特别好，她经常在朋友圈发表一些育儿主题的内容，引起了很多朋友的共鸣，大家纷纷鼓励她出本育儿类的书。虽然她也可以写这个主题，而且能够写得很好，但是作为管理咨询公司的创始人之一，她很犹豫：写这本育儿书跟我未来的职业发展有多大关系？难道以后要转赛道搞儿童教育？这个困惑一度阻碍了她写书的热情。

我在辅导她写书的过程中，就告诉她，其实作为一个专家，知识面一定很广，可以写的相关主题很多，有时候作者不经意表露出来的能力，就可能会让大家误认为他在这方面可以出书。这种情况下，作者要结合自身的现实资源、未来的职业走向以及自身的兴趣热情，来确定写作主题。

写一本书会耗费作者大量的时间和精力，如果不聚焦、不专注，偏离自己的专业，写一些自己驾驭不了的书，会很难写下去，写出来的书也很难畅销。如果作者写了一本跟自己未来职业完全不相关的主题的书，也不利于他的个人 IP 的打造，对他的职业发展没有增分作用；如果作者只是觉得这个主题自己可以写，但是没有多大的热情，这样就只是单纯地为了

完成任务而写了本书，一旦过程中遇到艰难困阻，就很可能会轻易地去糊弄，甚至可能中途放弃。所以这位作者最终还是放弃了大家一致看好的儿童教育主题，写了一本管理专业类的图书。

2. 主题定位不清

有时候，一个新人作者既不了解什么是主题定位，也意识不到主题定位，所以就有可能出现以下问题。

（1）主题混乱。一会儿写这个主题，一会儿写那个主题，一会儿又回到第一个主题，整体写作内容较乱，跨度太大，内容不聚焦，有时会扯得很远，有时又好像重起炉灶写了另一个主题。

（2）书名的主题和内容不一致。虽然定的书名是一个主题，但是在正文写作中走偏，跟书名主题不一致，或者书名主题不周延，盖不住内文的主题。

（3）有很多人合著共创的作品，由于前期的规则、风格、主题没有达成共识，后面写的时候每个人都按照自己的理解去写，合起来之后，字数是够了，但是缺乏一个突出的主题和风格，图书整体的逻辑、框架结构并没有在一个主题下进行。

3. 主题太大，与作者不匹配

选择主题定位并不能够随心所欲，因为一本书的质量取决于写作者的专业水平，如果作者选择了一个与自己水平不匹配的主题，往往就限制了作者真正水平的发挥，不是浪费就是写得牵强。如果作者强选一个高于自己真实水平的主题，他其实是驾驭不了的，毕竟写一本书，大部分还要依赖自己的深耕领域，可以稍微超出一点，但如果 60% 的内容都超出自己的能力范围，那么对于作者来说就会很吃力，而且写作的时间也会拉长，这个过程中充满了变数，作者能否准时完成是不确定的，即使完成，内容上还是能看出来火候不够。

4. 定位不是作者想要的

对于新人作者来说，有时候主题定位并不一定是他最想要的，需要进一步分析和厘清。针对同一个领域和内容，从不同角度切入，会有不同的阅读视角、不同的阅读群体。所以主题定位还要考虑读者视角的切入，这需要考虑市场需求、作者准备的成熟度，甚至包括作者未来事业的布局等。作者要进一步厘清这一主题定位是不是自己真正想要的，这很重要，甚至需要专业的辅助。比如我合作的一个作者，她开始想写的主题是教学设计，仔细聊过后我发现她其实是想给读者普及新媒体在线课程设计方面的内容。但是一个主题是教学设计，另一个主题是新媒体在线课程设计，差别很大。在我的帮助下，作者厘清了写作背景和写作目的之后，做出了更适合的主题定位。

5. 主题定位与未来个人品牌定位不相关

写过书的作者想必都知道，写一本书会耗费大量的时间和精力，所以在选择写作主题的时候就要格外重视。写书的主题一定要面向作者未来的个人品牌定位，也就是说要为自己未来的身份加分。

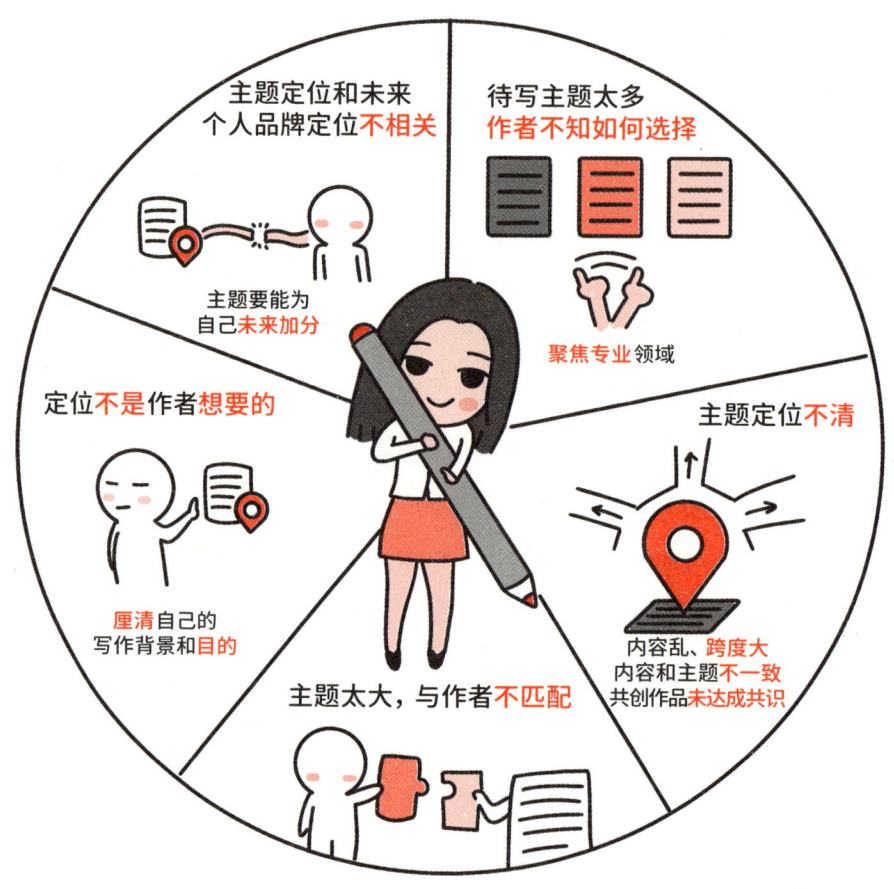

曾经有一位作者跟我商量一个主题，主题看起来很不寻常，当然也很专业，我也不能确定这个主题的性质，于是我跟她进一步交流。

我：你为什么选择这个主题？

作者：因为这个主题前几年在我们行业比较热门，但是过几年随着行业的发展，这个模式就要消失了。我觉得有必要写本书好好总结一下。

我：你的意思是说这个主题过几年即将消失？

作者：是的，随着产业的升级和发展，必定有新的模式代替它，现在就已经有趋势了。

我：那你写这本书就是为了总结吗？

作者：嗯……

我：作为一个职业经理人，写书不仅仅要往后看，还要往前看，等你把这本书全部写完并出版，估计也得一两年后了，这个模式可能就消亡了，这对你来说有什么意义吗？

作者：这样啊，我没想那么多。

我：如果你是这方面的学者、研究者，是可以去研究和分析这个模式的。但是你的身份是职业经理人，写书是为了打造自己的个人品牌，那么就要往前看，与你的未来发展联系在一起。

作者：我明白了，谢谢晴山老师！

我：别客气！

3 步主题定位法：帮你科学精准地找到怦然心动的主题

有一位高管作者曾经找到我，咨询出书的问题。这是我们当时沟通的内容。

作者：晴山，我最近对写书有感觉了，咱俩聊聊吧。

我：好啊。

作者：我现在想写，也觉得自己能写，但是感觉自己哪方面都可以写，不知道选择什么样的主题最好。

我：关于选择主题，没有什么最好的，只有更适合自己的。这没有一个标准答案，每个人的现实情况都不一样，要根据自己的现实情况，结合市场需求来定。

作者：具体给我说说吧。

我：关于主题定位，我总结了一套理论，基本上可以帮助作者科学、合理地定位写作主题。这分为 3 步：深耕领域—高价值区—作者兴趣。这 3 步就像漏斗一样层层过滤和筛选，最后沉淀下来的那个就是适合作者当下的选题。

在对话中提到的"3 步主题定位法"就是我总结的帮助作者定位主题的方法，具体如下：

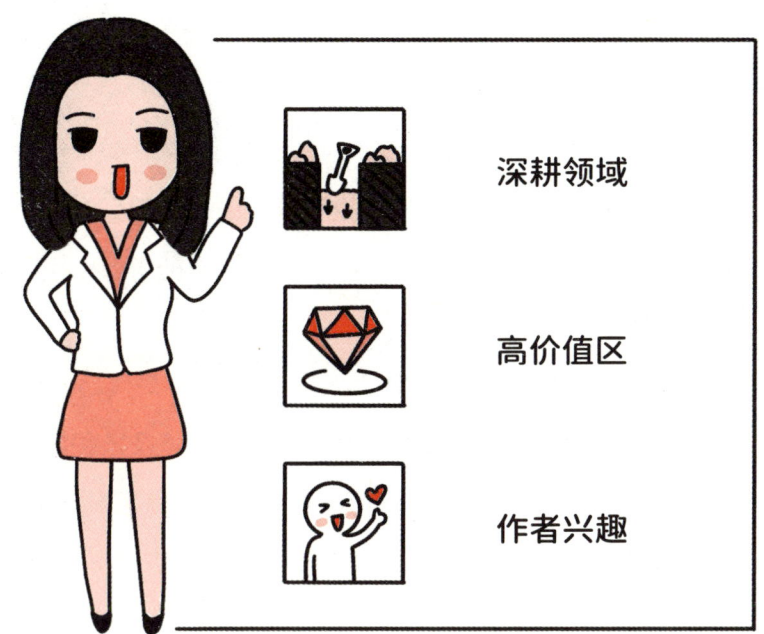

深耕领域

高价值区

作者兴趣

1. 深耕领域

想要出一本书，作者一定要在该领域有足够的积累，只有这样才能保证这本书顺利地开始。如果主题来源于一个陌生领域，从零开始为了写作而写作，那书的内容大抵就是大量的资料堆积而成，作者思想的提炼和所能触达的精神深度肯定是不够的。就像是酒的发酵，需要一段时光的沉淀，才能酿出甘甜醇绵的好酒来，一本好书的出版也是如此，只有经过时间验证的思想精华，才能给予他人力量。

具体来说，深耕领域指：

（1）需要作者在该领域有长期的从业经验。如果从业时间太短，恐怕没有什么经验可谈，更别提对行业的整体把握。

（2）需要作者对这个领域有自己独立的思考和见解。如果作者一头扎进该领域，从没有抬头看天，或者审视这个领域的话，那么在这个领域很难有全局的视角、自己独特的观点和看法。没有独立的审视和反思就很难产生真正的智慧结晶。

（3）需要作者在这个领域有专注度和专业度。全局观，不仅仅是做好眼前的工作，还要了解行业的发展历程、发展现状以及该领域未来发展的新方向。有的人在一个行业干了一辈子，也没有钻研过这个行业，只有肯动脑、肯用心的作者才写得出有高度、有深度、有广度、有温度的好书稿。

选择自己深耕领域的主题，对于作者来说，是在自己能力范围以内的，写作起来能够得心应手并且充满信心，而且会越写越有感觉，越能够把理论和实践结合在一起。毕竟作为编辑，我见过很多作者选择了并不是自己积累深厚的领域的主题，刚开始找到选题很兴奋，但越往后写难度越大，写到后面没有真材实料，堆砌了大量资料，最后因为觉得没有多大价值而放弃了。这样的情况令人唏嘘不已。

2. 寻找高价值区

这里需要注意的是，深耕领域是寻找写作中高价值区的前提。作者需要在自己的深耕领域中，寻找具有高价值的主题来进行写作，持续在高价值区中选择主题。我们可以参考一下巴菲特和他崇拜的棒球手——波士顿红袜队的击球手泰德·威廉斯——是如何做策略选择的。

　　泰德·威廉斯是一个非常出色的棒球击球手，他创造了多项棒球运动的记录，获得的奖项不胜枚举，被称为"史上最伟大击球手"。巴菲特非常欣赏他，甚至将他击球的海报贴在了办公室的墙上。这张海报上有一个由 77 个排列整齐的棒球组成的长方形，每个球上都标注了数字和不同的颜色。这很好地诠释了泰德的击球理念：他把击球区域划分为 77 个格子，每个格子只有一个棒球大小。只有当球进入最理想的位置（他称之为"甜蜜区"）时，他才挥棒击打，这时，他的击中率高达 40%。如果勉强去击打位于最差位置的球，他的击球率会迅速降低到 23%。所以，对于"非甜蜜区"的球，任球从身边飞过，泰德也绝不挥棒。

　　选择比努力更重要。对于一个击球手来说，最重要的一点是等待合适的投球机会才可以挥棒击球。如果不加选择，"甜蜜区"以外的球也接的话，泰德根本不可能进入棒球名人堂，而只会是一个平淡无奇的运动员。

　　很显然，巴菲特将泰德的击球策略触类旁通地运用到了投资领域：不要频频换手，直到出现"甜蜜区"的"好球"，等出现高价值、可迭代、有护城河的公司，再全力出手，就会一击即中。

　　这两个领域的顶尖高手的选择策略可以给我们选择写作主题带来很大的启发。有的作者看见今天市场流行什么，对新话题很感兴趣，就盲目地跟踪，想要尝试，但是写书如同击球，如果什么球都想去接，这是不明智的。毕竟写书需要作者投入大量的时间和精力，与其写一本普通的书，不如写一本高价值的书，既保证了图书的畅销，也兼顾了作者未来发展的更多可能性。

对于市面上流行的话题，不能盲目挥杆击球，一定要专注在自己的深耕领域，选择高价值的主题。这样能保证作者把时间和精力都投入这个一定能稳稳打好的球上，一击一个准。每个人的高价值区都不一样，没有谁能比自己更了解自己。因此，如何选择高价值区，要听从自己的内心。

曾经有个作者，她的写作热情非常强烈，经常拉着我讨论写什么主题好。她涉猎的主题有很多，大家说沟通类图书是刚需，她就忙着写沟通主题的目录；有人说正向思维的书很有意义，她又忙着写正向思维主题的提纲；听一个朋友反馈说父母教育理念的主题很刚需，她又写了亲子教育主题的大纲；看了一部很有感触的电影，她又萌发出写本青春小说的念头。各种各样的提纲我收到了一沓，可是都没有见她真正动笔。终于有一天，我决定跟她聊一聊。

我：你为什么准备了这么多主题都不继续写下去呢？

作者：这些主题我只是觉得它们很有价值，但并不是我擅长的。也许写个目录没问题，但是写书我没有这个能力支撑起来啊！堆砌资料攒本书也行，但是不符合我的内心要求。

我：对于出书，你的内心要求又是什么呢？

作者：我想写一本有影响力的书，一本能够让我成为专家的书，而不是草草写本可有可无的书。

我：那你觉得你写什么样的书出来会有影响力，可以让你成为专家呢？

作者：那肯定是我很熟悉、很有研究的领域。

我：那什么是你很熟悉、很有研究的领域呢？

作者：那不还是我的老本行嘛，我都在这一行做了 15 年了。

我：可以具体说说吗？

作者：嗯，我一直在做文案写作、教育方面的工作。但我之前没瞧上自己的这个领域，没有意识到自己其实在这块还是很有积累的，我总是追求市面上流行的话题，但是忘了自己没有那方面的积累。其实很多主题都很有价值，每个主题都有它存在的价值和意义，但是要找到属于自己、适合自己的主题才是最重要的。

我：这样的发现会给你带来什么样的觉察呢？

作者：我还是立足自己多年来的工作领域来选择主题吧，如果是这样的话，我好好打磨一本关于文案写作的图书。虽然亲子教育、正向思维的主题很热门，但是我没这方面的积累，即使出了书，在市场上反响也不会大。也许文案主题的书并不是那么热门，但是我有可能写出一本该领域的爆款书。

在这个案例中，作者有一个明显的转变，不再好高骛远，开始脚踏实地地审视自己深耕领域中的高价值区，尝试选择最适合自己的主题。其实对于作者来说，没有最热门的主题，只有最适合自己的主题，一切选择都来源于对自身能力的考量。

3.结合作者兴趣

个人兴趣被放在最后一个漏斗的原因是：一个人的兴趣其实是个性的、变化的、不稳定的，甚至是可以不断被发现和被塑造的。仅仅凭借自己的判断，这个兴趣可能不是一个真正的兴趣，而是一个假兴趣，或者浅兴趣。所以一方面，把作者兴趣放在主题定位中的最后一环，即在深耕领域、高价值区的过滤之后，这样有了更多的筛选、保障和理性；另一方面，在现实中也有一些方法可以帮助大家来挖掘和发现自己真正的兴趣。因为想做好一件事，必须要有兴趣和热情，否则很难把写书这件事做好。那么如何判断这个主题是作者真正的兴趣所在呢？

（1）听作者描述这个主题时的声音。这是《高效写作：突破你的心理障碍》的作者乔利·詹森提出的方法。当人在描述自己感兴趣的事物时，几乎每个人的声音都会富有活力，变得好听起来；而描述到"应该"喜欢但并不真正喜欢的事情，声音听起来就会干瘪、干涩和机械。因此，作者在判断该主题是否为自己真正感兴趣的时，最简单的方法就是：注意在谈论这个主题的时候，自己的声音是否激昂或者抑扬顿挫，仿佛有说不完的话。

（2）最深的兴趣可以通过价值观来确定。人必须认识自己的内心和现实才可以做出选择。每个人的兴趣都是不一样的，但人又容易受环境的影响，在一些流行时尚之下，往往会忘却了自己的位置，跟着潮流随波逐流。这个时候我们需要回到自己的位置，向自己发问：为什么写这个主题对自己很重要？用这个问题不断地追问下去，最后会落到自己的价值观上。

我：写这本书对你个人的意义是什么？

作者：是一种总结和反思。

我：为什么总结和反思对你很重要呢？

作者：为了让我更好地向明天出发。

我：向明天出发对你又意味着什么呢？

作者：新的成长，新的开始。

我：那你选择的这个主题与"新的成长""新的开始"有什么关系呢？

作者：我为什么选择职业成长的主题，就是因为它契合了我不断探索成长的主题的内在动力，我有强烈的意愿去跟大家分享和总结，让更多的人了解成长的底层逻辑和方法论，我非常擅长这个领域。

我：据我所知，你之前考虑过写一本关于时间管理主题的书，现在怎么看呢？

作者：时间管理是之前的想法，我确实受益于时间管理方面的知识。但眼下出第一本书，我还是想写关于个人职业成长的主题，这更加契合我内心深处的想法。

可见，在深耕领域—高价值区—个人兴趣这样层层过滤和筛选后，作者基本上可以锁定一个适合自己的主题了。

写书本身是一个长期的过程，会遇到各种各样的挑战和干扰，如果没有对外在的洞察判断，贸然投入大量的时间和精力，那是一种巨大的浪费；如果没有对自己的内在进行深刻审视，写书的路上也很难坚持走下去。因此，在写作之初一定要做好主题定位，这样才能做出一本高质量的书，才能以此吸引更多的流量和热度，更好地助力个人品牌的打造。

【爆款关键点】

畅销书的主题一定是社会需求和作者自我表达的交集，那么对于作者来说，可以写书的点很多，如何找到这个主题是非常关键的。我们在充分调研该领域读者最需要解决什么问题之后，更多地需要分析作者本身的资源宝藏，才能在众多纷繁复杂的主题中找到适合市场需求，且能够极大程度呈现作者专业性和调动作者热情的选题。

读者定位：
4 个维度紧紧锁定读者需求

【请你带着这些问题阅读】

1. 什么是读者定位？

2. 为什么需要读者定位？

3. 如何进行读者定位？

图书只有和读者产生共鸣，才能不断传播。读者定位越清晰，图书传播越有力。

余秋雨曾说："完全不考虑读者而自命清高，也是一种人生态度，有时候还是一种值得仰望的人生态度。抱有这种态度的人可以做很多事情，就是不适合写文章。"

如果你的书没有读者阅读，就毫无价值可言。很多作者在刚开始写书的时候，常常忽略了读者，导致写出来的作品晦涩难懂，这就是缺乏读者定位的表现。只有准确把握读者定位，才能写出优质的畅销书。

读者定位：写书一定要有对象感

在整个写作过程中，作者有多少时间把读者放在心里？作者要为读者创造一个角色，在写书时要尝试去想象，谁会买我这本书？他们对这个话题最想了解的是什么？他们会对哪些话题感兴趣？读者会评判作者，而深思熟虑的作者也会借由调研表分析他们的读者：他们是谁？他们有什么共同特征？他们有什么需求？他们想知道什么？他们会怎么看待这个问题？这就是读者定位，有了充分全面的读者定位后，再利用这些判断来形成作者的视角和作者写作的落脚点。

读者同心圆模型：帮你找到 1000 个初始铁杆读者

一本书的出版需要通过层层加工和传播，传递到读者手上，才能完成一个闭环。所以作者从一开始就要心存读者，把读者放在心上，以读者需求为目的。其实，写作本质上是一种对话，而不是作者的自言自语。写作之前，如果作者对于自己的未来读者了解的程度越高，对读者需求掌握得越详细，对读者期待了解得越充分，那么这场对话的质量就更高，书稿对于读者的契合度就更高。

读者定位就像一个同心圆，圆心就是定位的焦点读者或者叫作核心读者，在焦点读者的外圈，依次是次生读者和扩散读者。在所有的读者中，核心读者最重要，甚至说前 1000 个读者是铁杆读者，作者需要依靠他们传播和裂变。

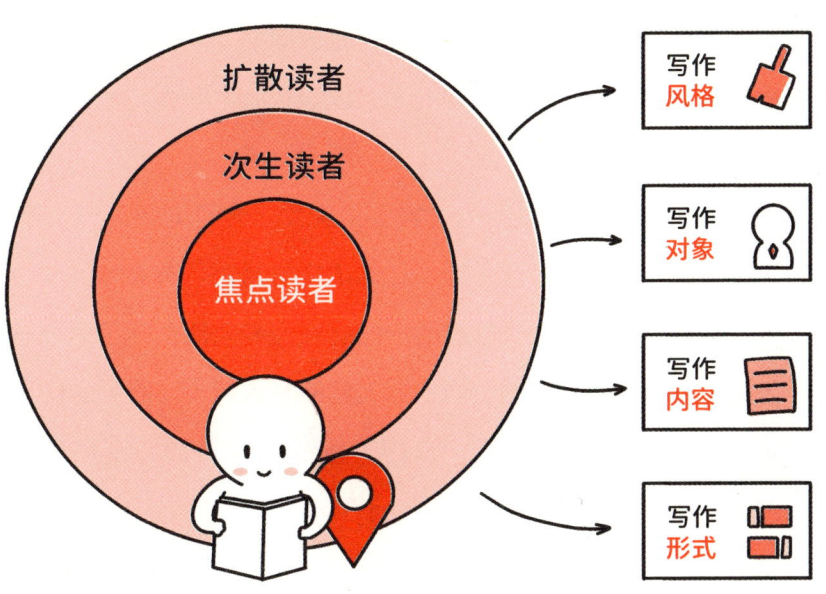

关键读者的定位决定了作者的写作风格、写作对象、写作内容、写作形式。因此抓住关键读者，作品的方向就出来了。

读者定位 4 步法：助力不断聚焦读者定位

第一步：读者画像

作为一种勾画目标用户、联系用户诉求与设计方向的有效工具，用户画像在各领域得到了广泛的应用。用户画像是指在大数据时代，企业通过对海量数据信息进行清洗、聚类、分析，将数据抽象成标签，再利用这些标签将用户形象具体化。用户画像的建立能够帮助企业更好地为用户提供有针对性的服务。

用户画像可以使产品的服务对象更加聚焦。在行业里，我们经常看到这样一种现象：做一个产品，期望目标用户能涵盖所有人，男人女人、老人小孩、专家小白……通常这样的产品必然会走向消亡，因为每一个产品都是为特定目标人群服务的，当目标人群的基数越大，服务的标准就越低。换言之，如果一个产品适合所有人，那么它达到的一定是最低的标准，这样的产品要么毫无特色，要么过于简单。

纵览成功的产品案例，它们服务的目标用户定位非常清晰，特征明显，体现在产品上就是专注、极致，能解决一类人群的核心问题，比如：

花西子：花西子针对东方女性的肤质特点和妆容需求，结合中国千年古方养颜彩妆，以花卉精华及中草药提取物为核心成分，打造东方女性的国潮彩妆品牌。

泡泡玛特：秉承"创造潮流，传递美丽"的品牌使命，针对热爱探索的年轻人，利用好奇心理促进复购，用时尚的设计打造 IP，以更完善的时尚 IP 版图，让年轻人喜爱的时尚更好地发展。

江小白：定位是年轻化品牌，服务于白酒的非主流消费群体——"年轻人"，提倡去身份、去阶层的新酒桌文化。

从以上这些成功的案例可以看出，为特定群体提供专注的服务，远比给广泛人群提供低标准的服务更接近成功。

第二步：用户视角

所谓用户视角，其实就是站在用户的立场去思考问题。虽然用户视角的适用领域非常广泛，但是做到这点还是有难度的，并不是因为人们不够聪明，而是在数亿年进化过程中，几乎所有生物，都会本能地从自己的角度去思考问题。试想，如果店员先大概了解客户，然后再推送消费者想了解的信息，消费者会很认同并且觉得这些信息是他们需要的，就更容易达成成交。营销人员不是说自己想说的，而是要说消费者想听的，才能事半功倍。

下面是我辅导一位作者的经历。

我：您这个初稿专业度很高，内容也很全面，您的读者定位是什么呢？

作者：我的读者定位就是对这方面内容感兴趣的读者。

我：您如果是这一类读者的话，翻开自己这本书，会有什么样的阅读体验？

作者：嗯，可能会有点难度。

（这时，他的电话响了，我在一旁等待。）

……

作者：说了半天，这是你们要卖这个资产的原因，如果你们真想出手这个资产，是不是更应该站在买家的立场考虑一下？我是出钱的人，我为什么要买你这个资产？买你这个资产对我有什么好处呢？你们不能总是从自己的角度说为什么要卖这个资产啊！那跟我有什么关系？

（我一听，乐了！等他打完电话，我们有了以下的对话。）

我：不好意思，刚刚听到了您谈业务的电话。

作者：没关系，一个合作单位的电话。

我：我很好奇，您觉得买资产和买书会有什么相同点？

作者：哦，这是个很好的视角，买书的读者跟我买资产一样啊，为什么要买你这本书？我知道了，我应该站在买家的角度去考虑问题，这是用户视角的问题。我写得那么专业，普通读者怎么能看得懂呢？你看这些道理我都明白，现在迁移到写书上就行了！

第三步：用户思维

要把产品思维转化为用户思维，这点对于新人作者来说，也是非常重要的。酒香不怕巷子深，但是现在的酒太多了，巷子也太多了，所以必须要挖掘用户买酒能够获得的感受。比如说，读者想买一本关于演讲的书，是为了让自己的公众面前讲话更加有条理、有说服力、有力量，吸引更多的人成为自己的粉丝，这就是用户思维。策划和安排书稿，要基于解决用户的需求，要将产品思维转化成用户思维。创作不是为了写书而写书，而是要研究用户群体的需求和内容价值，抓住这些最本质的东西，再带着这些东西来设计书稿，这样就抓住了用户思维的精髓。

第四步：用户体验

ISO 9241-210 标准将用户体验定义为"人们对于针对使用或期望使用的产品、系统或者服务的认知印象和回应"。用户体验通俗来讲就是指：这个东西好不好用，用起来方不方便。因此，用户体验是主观的，且注重实际应用时产生的效果。

比如，在网站设计的过程中，有一点很重要，那就是要结合不同相关者的利益，即要考虑到市场营销、品牌、视觉设计和可用性等各个方面。用户体验就是提供了这样一个平台，以期覆盖所有相关者的利益——使网站容易使用、有价值，并且能够使浏览者乐在其中。

同理，在图书出版中，也需要作者、读者融入"互动"，比如说设计书稿的尊享试读版本。

我这本书写出来之后，把试读版发给了 30 多位专家和朋友，让他们看完之后给我反馈。我收集了他们宝贵的反馈意见之后，再逐一分析和思考，根据大部分的意见将书稿做了调整和修改。那么跟之前的版本比较来看，经过用户体验反馈回来的版本明显更加贴合目标读者的需求。

关于了解读者的自我教练，我总结了以下问题。

① 谁会阅读你的图书？

② 你为读者提供什么价值？

③ 读者为什么要阅读你这本书？

④ 你这本书给谁看最合适？

⑤ 你这本书哪些方面打动了这些读者？

⑥ 你的读者大概什么年龄？他们有什么需求？

⑦ 你的读者大概什么职业？他们有什么需求？

⑧ 你的读者对阅读有什么样的习惯？

⑨ 你的读者对写作风格有什么期待？

⑩ 你的读者都喜欢读哪方面的图书？为什么？

⑪ 你的读者都喜欢哪种作者？为什么？

⑫ 买你的书的读者，会对这本书有什么期待？

⑬ 这本书读完了，可以满足读者的期待吗？

⑭ 在众多的图书展示中，读者为什么偏偏要选你这本书？

⑮ 你这本书的群体愿意购买这本书的价格范围是多少？

⑯ 这个读者群体喜欢阅读纸质书还是阅读电子书？

⑰ 这个读者群体喜欢更多的理论还是更多的案例？

⑱ 关于这个主题，读者最感兴趣的内容是什么？

⑲ 关于这个主题，读者最期待作者写的内容有哪些？

⑳ 如果读者可以跟你交流，你觉得他们最有可能会问什么问题？

㉑ 关于这个话题，读者大概率已经知道的是什么？

㉒ 关于这个话题，市面上已经出版的图书都是如何解决的？读者对这些解决方案满意吗？

㉓ 满意的话，满意在哪里？不满意的话，不满意在哪里？

㉔ 他们对这个主题有什么新的期待？

㉕ 作为作者，你给自己的读者定位的是什么角色？

㉖ 作为作者，你与读者之间的关系是什么样的？

㉗ 你觉得你的读者会怎么评价你？

㉘ 你觉得你还有哪些可以再完善的？

㉙ 你的书中有哪些是创新的但又是读者需要的内容？

㉚ 对于你的书，读者最感兴趣的可能是哪个部分？

㉛ 你的书中，有多少让读者"啊哈"的时刻？

㉜ 你的书，读者看完了还想再看吗？

㉝ 你写的主题是读者已经遇到，却没有意识到的内容吗？

㉞ 你写的主题，解决的问题，也是这些读者遇到的吗？还是只是你一个人有这个问题？

㉟ 在书稿中，你所给出的解决方案是否对读者有帮助？帮助在哪个层面？

㊱ 你写的这本书帮读者解决了什么实际问题？

㊲ 关于这个主题，读者已经具备哪些知识？哪些对他们来说是重要的？

㊳ 你希望读者怎样使用这本书？

㊴ 你所写的内容，会与读者已有的知识冲突吗？

㊵ 读者读完这本书稿，会有什么样的收获呢？

㊶ 如果读者可以对你说一句话，你觉得会是什么样的话呢？

㊷ 如果有一群读者正在一起讨论你这本书，你会听到什么呢？

㊸ 这本书的形式符合读者的阅读习惯吗？

㊹ 如果这本书出版 10 年了，在这期间也得到了很多读者的反馈，如果有机会修订再版，你会做什么样的调整呢？

㊺ 如果这本书获奖了，你站在颁奖台上听着主持人介绍这本书给读者带来的价值和意义，你听到了什么？

㊻ 如果读者面前有好几本相同主题的书，你觉得你的书可以脱颖而出的原因是什么？

㊼ 关于这本书，相同主题的其他图书作者会怎么评价？

㊽ 读者读完这本书，会有什么样的体验和收获？

㊾ 读者读完这本书，会有什么样的遗憾和疑惑？

㊿ 如果在读者签售会上，你刚刚演讲完进入问答环节，你觉得读者最有可能会问你什么问题？

(51) 这些问题在你的书中有答案吗？

(52) 这些问题你给出的解决方案与别的图书作者给出的解决方案有什

么不同之处？有什么高明之处？

　　以上问题可以在写作初期就回答一次，在写作过程中再回答一次，在修改稿件中再回答一次。

　　聚焦读者画像，立足用户视角，以用户的思维思考写作，最后结合用户体验优化完善，那么这本书一定会大受读者欢迎！

【爆款关键点】

　　想写好一本书，一定要跟读者"谈恋爱"，充分了解他们的诉求，深度分析他们的需求，通过用户画像、用户视角、用户思维、用户体验，紧紧抓住核心读者。用核心读者去裂变和传播，触达次生读者和扩散读者，让更多的读者进入我们的核心读者群中。

出版定位：
最容易被作者忽略的战略定位

【请你带着这些问题阅读】

1. 出版定位包括哪些方面？

2. 为什么要有出版定位意识？

3. 如何选择、确定出版定位？

　　出版是一种特殊的传播方式，也是一种极其有力的传播方式。正是由于这些原因，以出版为目的的作者，必须要了解相关出版背景和知识，把握正确的出版定位，才能有效写作，保证图书更好地传播。

想打造爆款书，务必要重视出版定位

　　好的文字内容是出版的"铁门槛"。作者是内容的生产者，也是所有传播方式的内容起源，在传播方式多样化的今天，微博、微信公众号、喜马拉雅、得到、荔枝微课、知识星球、抖音、快手、视频号等新媒体让人应接不暇。究其本质，优质的内容是金字塔的塔尖，其他传播方式是在金字塔顶下面的表现形式，一切传播方式都围绕着塔尖的内容进行的。

　　内容传播的方式有很多，但是以出版为目的的传播方式，位于一个很高的，非常接近金字塔顶的位置。所以，以出版为目的的写作要求最高，形成的图书流传时间较长，载体较为稳定，可触达的读者群体也较分散和不特定，最关键的还有国家书号的加持。这就决定了图书出版的公信力、传播力是一般传播方式所不能媲美的。因此，这也决定了出版写作的门槛性、准确性、原则性、程序性、审核性等特点，所以充分了解这些特殊性，有利于我们对著书这一写作方式更好地理解和把握。这往往是新人作者没有意识到的地方，要时刻具有出版定位的意识，这样才能让写作更加流畅，并且能够最大限度地用出版方式放大作品的影响力和传播力。

　　在本章中，我们将以"如何定位写作视角""如何选择出版社和编辑""如何选择上架建议"来全面阐述出版定位的问题。

出书的写作视角不同于平时的视角

在非虚构类的图书写作中，作者视角不像虚构类图书的视角那样复杂，但也要意识到这类图书的写作视角定位的问题。初次写作者的通病是，书稿从头到尾几乎每一句话都有："你""你们""我""我们"等，显得口语化，陈述不客观。写作者要知道自己面对的是不特定读者，所以不能用上课或者是口语化的方式来定位这个视角。同时要让读者有对象感，好像与作者面对面聊天交流一样。

过多地强调"你""我""你们""我们"有几处弊端：

（1）作为读者来说，过多的"你""你们""我""我们"会形成过多的视角切换，读者一会儿是跟作者同一视角，一会儿又跟作者是相对的视角，这样造成了视角混乱，让人感觉云里雾里。

（2）图书是正式的公开出版物，篇幅中出现过多的"你""你们""我""我们"，太过口语化，显得不够正式，这种表达方式并不适合出现在公开出版物上。

（3）在图书正文中，有过多的"你""你们""我""我们"，缺乏一个客观中立的角度，所有的角度不是"你"，就是"我"，没有考虑除此之外的大多数人，显得不够有说服力。

（4）在正文中，如果频繁出现"你""你们""我""我们"，会使得句子很烦琐，不够简练、清晰，而且句式显得不够高级。

而这些称谓中，保留"你"，建立一对一的专属感，这样对表达思想不构成任何影响，尤其是在写专业书籍的时候，大家要尽量克服这些不好的习惯。

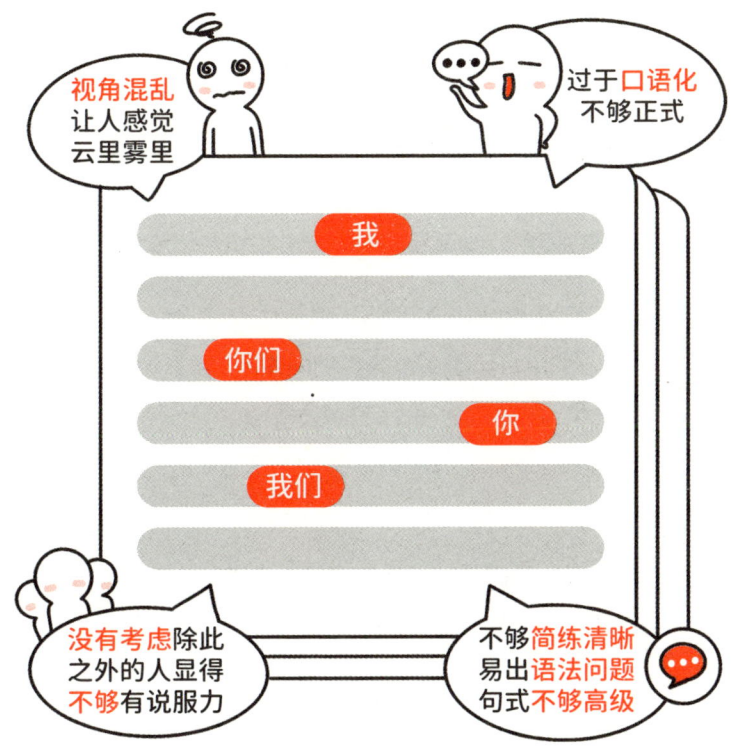

这里提供以下几种解决方案：

（1）尽量减少"你们"的用语，增加"你"的用法对象感。

（2）主语"我""我们"在不影响句子成分和含义的时候，可以删去。

（3）将"你们"换成"大家""人们"等不特定的人群称谓。

举例：

我想通过这本书帮助你们切实解决演讲中的某些问题。

希望这本书能够帮助你切实解决演讲中的某些问题。

选对了出版社和编辑，就赢在起跑线

定位自己的图书的品种门类

考虑自己的选题内容与出版社品牌调性、资源渠道、产品线是否匹配

从专业、资源、态度判断编辑是否适合自己

专业 资源 态度

1. 出版社的选择

每个出版社的品牌、风格、资源和渠道都不同，因此如何让选题内容与出版社的品牌效应、资源渠道等更好地结合在一起？如何让出版对图书的传播起到最大的放大作用？如何利用出版资源和渠道做到扬长避短？这些都是需要考虑的因素。

曾经有一位作者，是一个资深团队的沟通专家，想要出版一本关于沟通表达类的图书。但是大家都知道，沟通表达这个领域的书籍很多，很难打造自己的特色，根据出版社的优势和作者的优势，我最终将本书定位为《HR教你做团队沟通》。这样，既兼顾了出版社的调性、渠道和优势，还对作品起到放大作用，也充分利用了作者的背景，让这本讲沟通的书不再平淡无奇，而是具有了特色。而且当时团队沟通主题在市面上是空白，在宣传传播上更加有卖点和抓手。

以下就是一些比较著名的出版社的分类：

• 社科类：中华书局、商务印书馆、中国人民大学出版社、三联书店……

• 科学技术类：科学出版社、清华大学出版社、机械工业出版社、电子工业出版社……

• 经济类：中国金融出版社、中国财经出版社、中信出版社、中国经济出版社……

- 法律类：法律出版社、中国法制出版社、中国政法大学出版社、人民法院出版社……
- 文艺类：岳麓书社、北京十月文艺出版社、人民文学出版社、湖南文艺出版社……
- 少儿类：接力出版社、二十一世纪出版社、海豚出版社……
- 生活类：中国轻工业出版社、吉林科技出版社、青岛出版社……

2. 编辑的选择

同一个出版社，甚至同一个部门的编辑都是不一样的。对同一本书稿，不同的编辑做出来的风格也是不一样的。因此，如果可以选择的话，作者要多与编辑沟通交流，把自己的想法告诉编辑，再听一听编辑的意见和想法。有经验的编辑是有书感的：拿到初稿大致浏览一遍，就能知道这本书应该做成什么样。书有多厚、多大开本、装帧形式、内文版式、封面风格、定价区间、销售渠道以及这类书大致的销售量、需要做哪些配套工作和资料等，这些编辑都会有个大致想法。不同类型的图书，有不同的风格和特色，操作过多种图书类型的编辑会更加专业和熟练。每个编辑深耕领域不同，积累的资源也不一样，尤其在图书推广宣传阶段，资深的编辑会调动各方资源来推广这本书。

作者和编辑的关系是非常重要的。如果作者和编辑不能做到坦诚相待，图书也很难达到预期的效果。作者在找编辑的时候，一定要找认可自己、支持自己、能够帮助自己的编辑。在图书整体的策划、编校和宣传环节，编辑的作用是很关键的。有的编辑只会走走流程、改改文字，但是真正有经验的编辑，会在顶层设计、市场需求、激发作者卖点、起书名、对外资源推广上下狠功夫，经过方向把握、宏观设计、重点提炼、关键点打磨出来的选题，在选题阶段就已经胜人一筹。

这样的编辑一般有以下特点：

- 专业性：根据自身的编辑经验辅导作者修改选题。
- 资源性：好的编辑手上会掌握一堆优质资源，方便后期营销。
- 利他精神：认真负责，好沟通，愿意辅助作者。

如何选择上架建议？

我曾经出过一系列儿童普法童话书。在第一本书上市之前，关于如何定位，我们还周折了一番。如果上架定位在童书领域，在浩如烟海的童书市场，不会有太大的水花。我们出版社的渠道和资源，在童书市场也不占优势。但是这套书如果定位到法律领域，就是法律市场的第一套普法童话书，那就非常有意义和价值。这套书不同于普通的儿童读物，它有着自己的专业性和稀缺性，时刻以"护航青少年健康成长"为宗旨，以《宪法》《义务教育法》《民法典》《刑法》《治安管理处罚法》《未成年人保护法》《预防未成年人犯罪法》《道路交通安全法》《消防安全法》等与青少年紧密联系的法律法规为主要知识点，着重讲解校园欺凌、沉迷网络、误交损友、吸烟、酗酒、吸毒、赌博、性侵害、家庭暴力、侵犯隐私权等青少年高频案件的危害及预防。这套书也正是因为定位为法律板块的儿童普法书，而获得了很多的奖项和荣誉，达到了几十万册的销量。

事实证明，定位法律领域是明智的，不仅可以填补市场空白，还可以充分利用当时出版社法律板块渠道的丰富资源。

准确理解和把握出版定位，时刻保有出版意识来写作，选择合适的合作伙伴，精准定位图书上架板块，才能最大限度发挥作者自身优势，让写作出版的路径更加畅通！

【爆款关键点】

出版定位其实是很多新人作者甚至老作者不容易关注到的地方。比如说，一个小小的上架建议就有可能影响这本书的排名，就决定了这本书到底跟哪些书去竞争。而这一切都基于有一个靠谱的出版社和靠谱的编辑，他们会挖掘这本书的爆款品质，给这本书带来更多的可能性。

扫描二维码，关注公众号，
输入"定位"，获取神秘锦囊。

Chapter

02

—————

爆款图书策划的
3 个关键点

5

新手上路：
新人作者如何策划选题才容易出爆款

【请你带着这些问题阅读】

1. 图书通常分为哪些种类？

2. 新人作者比较容易写作的题材有哪些？

3. 新人作者写好知识类书籍需要注意哪些方面？

新人作者常常会陷入这样的困境：我要写一本什么类型的书呢？哪种类型的书更适合我写呢？哪种书才能赚更多钱呢？作为新人作者，在确定写作类型的时候不仅需要考虑个人爱好和售价的高低，更要结合自身的专业领域，发挥自己最大的能量，使自己"一书成名"。

想赢必须要了解图书的分类

图书的分类有很多种，有图书馆分类，商家分类，CIP 分类，等等。结合现实中经常接触到的当当、京东上的整体分类，图书可以大概分为以下七类：

- 文学类
- 人文社科类
- 经管类
- 心理励志类
- 生活类
- 童书类
- 知识科普类

新人作者怎样选择写作话题才会让书更畅销？

一般新人作者容易从以下三个方面入手：

- 心灵自助类图书
- 个人成长类图书
- 专业知识类图书

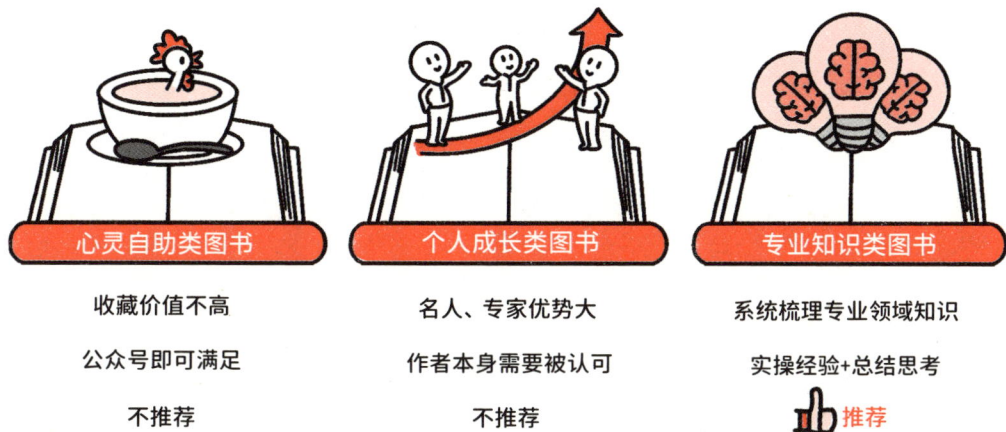

1. 心灵自助类图书

前几年这类图书很火爆，但出于微信公众号的兴起，这类文章在微信公众号上随处可见，且实时更新，导致部分读者从纸质书转向公众号阅读。而且这类书的收藏价值并不高，公众号的内容完全可以满足读者需求。因此这类图书的出版不仅对新人作者不友好，对这类图书的成熟作者也不友好，很多作者索性转战微信公众号。在这种情况下，新人作者不要轻易尝试写这类图书。

2. 个人成长类图书

每个人的成长过程中都有酸甜苦辣，都有难忘的地方，新人作者第一次出书很想讲述自己的成长经历。这个想法很容易理解，但换位思考，如果你是读者，会愿意购买一位新人作者写的关于其个人成长的图书吗？这类图书也有卖得好的，但大多数是大家耳熟能详的名人和专家，他们本身有很大的流量，一旦出书，就会迅速到达榜首。读者们购买这类书籍，是因为认可作者本人，好奇作者是如何一步步成长起来的，向作者学习其成长历程。

3. 专业知识类图书

这类图书是作者根据自身专业性，经过系统梳理专业领域的知识而形成的知识类图书。如果作者的身份是律师，他就可以写办案的实务经验和总结。如果作者是一个心理咨询师，就可以写他在给客户做心理咨询过程中的观察和发现。如果作者是一个儿童教育咨询师，就可以写他在现实中遇到的儿童教育问题以及总结和思考。如果作者是一个人力资源总监，就可以写人力资源方面的实操经验。这类图书对作者本身的影响力和势能影响要求不高。对于新人作者来说，如果在一个行业里面，有专业的知识储备，有成功的经验，如果用心去提炼总结，那一定能够带给别人收获。因此，出版专业知识类书籍，对新人作者来说是一个不错的尝试。

通过对上述三种图书类型的分析，大家应该很容易得出结论了，新人作者在没有流量的情况下，最好的选择是专业知识类图书，给读者提供专业的价值。当你的名字还不是关键词的时候，你写的书的主题就需要是关键词。新人作者完全可以借助关键词脱颖而出。比如说作者根据自己的写作主题策划了一套"老 HRD 手把手教你做人力资源"系列丛书，有十几个分册，涵盖了人力资源实务的很多模块：《老 HRD 手把手教你做培训》《老 HRD 手把手教你做招聘》《老 HRD 手把手教你做绩效》《老 HRD 手把手教你做薪酬》《老 HRD 手把手教你做员工管理》等，这里的书名就是找了"HRD + 分册"的关键词。读者在搜索 HR、HRD 或者是某一模块的关键词，如培训、招聘、绩效、薪酬、员工管理等时，都可以搜到这些书。

新人作者虽然没有名气，但只要书的内容有干货、能实操、有价值，就可以满足读者的需求，完全有可能占据专业领域的榜单。

做好这 3 点，新人作者轻松写好知识类图书

读者对象尽可能
覆盖更多的人群

突出知识类图书的**实操性**
越细越好

一根针顶破天
做**细分领域的冠军**

1. 读者对象尽可能覆盖更多的人群

对于第一次出书的新人作者来说，第一本知识类图书覆盖的读者人群要尽量广一点。曾经有位作者想写一本教爸爸如何给孩子讲绘本的书。选

题很有特色，但是比较偏门，我们在做市场调研时发现：大部分人对这一块内容不感兴趣，不会买；只有少部分人表示这块内容有点意思，会考虑购买。这样的作品出版后市场销售存在很大的不确定性。因此新人作者的第一本书一定要将读者对象的范围定得尽量广一些。

2. 突出知识类图书的实操性，越细越好

很多新人作者容易选择大而广的主题，内容写得像一本教科书。其实购买知识类图书的读者，主要是为了解决现实中的痛点问题，一本书中包含了读者所要解决的问题，读者就会考虑购买。突出实操性，是知识类书籍最重要的特色。

《如何阅读一本书》初版于 1940 年，1972 年增订改为新版，现在依然存在于很多人的必读书单里。它将简单的阅读细化成四个层次：基础阅读、检视阅读、分析阅读、主题阅读，带领读者一步步提升阅读理解力。很多人读过本书后，都对读书产生了新的认识，这也是这本书畅销多年的原因。

因此作者在写作中，一定要重实操，实操方法越细致越好，读者可以通过书中所讲的实操方法解决工作和生活中的问题，就是这本书最大的价值。

3. 一根针顶破天，做细分领域的冠军

阿里巴巴于 1999 年成立，2003 年成立淘宝网，2008 年推出专注于服务第三方品牌和零售商的淘宝商城，2011 年将淘宝网拆分为一淘网、淘宝网、淘宝商城，并于 2012 年将淘宝商城更名为"天猫"，2014 年推出天猫国际，2018 年联合蚂蚁金服成功收购饿了么，2019 年成功收购蚂蚁金服 33% 的股权，2022 年试运营与泰国共建首个数字自贸区。不论阿里巴巴资金规模多么雄厚，始终深耕电子商务领域，这也是它多次登顶中国民营企业榜首的重要原因。

写书也是如此，写书时选题范围不能太大，最好不要涉及整个学科，如果作者的专业知识和从业经验没有达到一定量级，是无法驾驭整个学科领域的，这时候一定要"一根针顶破天"，选一个领域里的一支，把这个一小支讲透，就是一本精而美的书。

如果有的作者发现自己打算写的领域已经有爆款书了，怎么办？要不要跟爆款书竞争？其实是不用的，可以再往下找到细分领域。比如时间管理主题类的书，可以细分写儿童的时间管理，避开市场上已经爆款的时间管理大主题的书，在细分领域站稳脚跟。

俗话说，知己知彼，百战不殆。新人作者一定要先了解图书市场的分类。找到适合自己出书的方向，实实在在地向读者传递价值，这样不仅能够凸显自己的专业性，还能靠专业能力在图书市场上闪耀。

传授知识是一本书最大的价值，新人作者不需要为了写什么而感到焦虑，只要发挥自己的专业性，能够为读者解决实际问题，那这本书就一定是有价值的，这个主题也是适合自己写的。

【爆款关键点】

俗话说，知己知彼，百战不殆。新人作者一定要先了解图书市场的分类。找到适合自己出书的方向，实实在在地向读者传递价值，这样不仅能够凸显自己的专业性，还能利用专业能力在图书市场上闪耀。

6

知己知彼：
2 大维度充分挖掘图书卖点

【请你带着这些问题阅读】

1. 怎样打造自己的图书特色及卖点？

2. 怎样借鉴冠军图书打造自己的特色？

3. 怎样有效"知己"打造自己的特色？

法国哲学家布尔迪厄说："物品具有越多独特的特质，就越能证明它的品质，也就越能证明拥有者的品质。"

特色就是这本书与众不同、个性闪光的地方，在浩瀚书海中，如何才能让一本书在同类书中脱颖而出？

答案很简单，就是要有特色。打造图书的特色，从以下两方面去突破：

一是知彼。作者可以通过三个步骤来实施：

（1）研究分析冠军图书；（2）复盘冠军图书成功的原因；（3）学习利用适合自己的经验方法。

二是知己。可以通过四个方面来实施：

（1）提出概念创新；（2）利用自身身份和经历；（3）创新展开方式和角度；（4）独一无二的写作风格。

不懂提炼写作特色就是不懂挖掘图书卖点

1. 特色就是卖点

在写作过程当中，作者要尽早树立打造作品特色的意识，对于这一点，图书编辑是非常熟悉的，编辑会帮助作者在筹划阶段就树立起特色意识。特色和卖点往往是同一个概念，只是在不同阶段有不同的叫法。在写作过程当中叫特色，在图书的宣传营销当中，它就叫卖点。作者和编辑要尽早就图书特色达成共识，越早确定特色就越能更多地体现在作品当中，不仅使图书特点更鲜明，后期营销也能更聚焦。

《天才在左 疯子在右》以独特的形式——与生活在精神病院中的人群进行访谈、交流，展现出疯子抑或是天才的内心世界。在书中，作者带领读者以独特的视角看待世界，让读者身临其境地体会每一个故事，甚至闭上眼睛还能想到那些奇妙的故事：四维虫子、橘子空间、盗尸者、朝生暮死……《中国青年报》评价它：当高铭把他见到的精神病人的世界公布于众时，他曾震动过的，病人们的逻辑、感情、精神；经历过的惊惧、悲悯、收获……在读者身上一一重现。这就是特色带来的非凡影响力。

2. 挖掘特色

浩瀚书海，你的图书如何能够脱颖而出？这是一个策略问题。对于新人作者来说，在图书策划之初，如果有编辑的帮助，作者对图书特色的认识就会从无意识转为有意识，在写作过程中有目标、有意识地去塑造。在这个过程中，作者完成了从单纯的写作者到成熟作者的转变，因为他不仅仅是写作者，更是一个宣传者，懂得从各方面去凸显本书有特色的地方，使内容变得更加吸引人。

3. 特色要经过多次打磨

罗马不是一天建成的，打造图书特色也是这样。有很多次，作者带着已经写完的书稿来到出版社，编辑分析书稿后发现，作者真的是很努力地在输出内容，但是这些内容却可有可无，市面上有很多类似的图书已经出版，辨识度很小。更令人可惜的是，作者明明自带资源，却不懂得很好地展示这些独特的信息。所以很多时候，对于这些已经成稿的书稿，编辑会带着作者基于共同确认好的特色再把书稿从头到尾修改一遍。

如何打造特色，可以分为两方面，首先是市场调研，看看市面上同类图书领域中，哪些书卖得好？为什么卖得好？其次是回归自己，看看自己有哪些地方可以打磨成为特色。

知彼：如何向有结果的冠军书学习？

1. 拆解冠军图书

一般来说，我们建议作者在动笔写书之前，去看看当当、京东、豆瓣等 App 上同类主题图书的销售情况。主要是看该领域图书的榜单情况，重点关注前三名的图书，尤其是第一名的冠军图书。把这几本书买回来仔细看看，研究一下这些作者的功力和水平在什么层次，自己跟他们相比有什么优势和劣势，做一个分析对比。

2. 复盘冠军图书成功的真正原因

把这几本卖得好的图书看过之后，就按照你的思路去拆解它们，看看它们为什么可以卖得这么好？到底有哪些独特的地方？把这些因素提炼出来，一一罗列，你就会发现这些畅销图书的共性和个性。

3. 看看哪些好的方法可以为自己所用

这些畅销榜单上的图书，作者有不同的背景和经历，内容展开方式也不同，比如某书的作者是资深培训师，某书的作者是上市公司的高管，某书的作者重新提出了一个创新的观点。从这些信息中总是可以抽象出一些更高级别的规律，看看这些规律跟自己的哪些具体情况可以结合，为自己所用。

知己：4 点深度挖掘自己独有的特色和卖点

知彼并不是最重要的，知道自己有哪些秘密武器才是更高明的。所谓知己知彼，先知己后知彼，我们把知己放在后面介绍，是为了压轴和引起重视。一般来说，我们建议作者从以下 4 点来寻找和打造自己的特色。

① 给读者植入新概念
② 颠覆读者之前的认知
③ 读者心智

主题定位

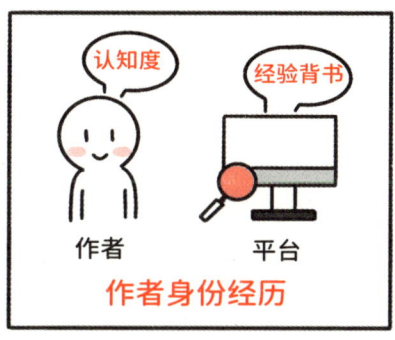

认知度　经验背书

作者　平台

作者身份经历

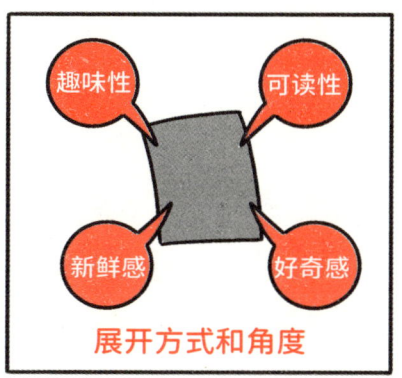

趣味性　可读性

新鲜感　好奇感

展开方式和角度

写作风格　作者风格

写作风格

1. 主题定位

一本书能够成功地给读者植入新的概念，这本书就可以躺赢了。像《金字塔原理》《灰度管理》《反脆弱》《向上管理》《利润裂变》等，这些新颖的主题颠覆了读者的认知，迅速占领读者的心智。这类书具有跨时代的意义，在主题定位方面就远远甩开其他同类书。

2. 作者身份经历

在打造图书特色的过程中，作者本人的知名度或所在平台的知名度非常重要。像吴军、李开复、樊登这样的大咖人物，他们本身自带流量，他们的图书自然受到读者的追捧。另外就是依托平台的作者，可能作者的名字，大众并不熟悉，但是他所在的平台很知名，像阿里巴巴、华为、百度、腾讯等，拥有这样大平台的背书，作者的流量自然也不会低。通过图书这个放大器，作者也会渐渐地出圈，被更多的人所熟知，最终成为自带流量的人。

3. 展开方式及角度（目录结构）

前面两点要求比较高，可遇不可求。如果这两点都不具备，图书怎么打造特色呢？可以从展开方式及角度上下功夫，也就是书稿的内容。展开方式和角度，体现了写作者写作角度的创新和写作顺序的创新，要增加趣味性和可读性，引人入胜，让读者始终充满新鲜感和好奇心。

　　但是要注意的是，市面上一些图书的展开方式较少被使用往往也是有原因的。比如，很多作者觉得张德芬《遇见未知的自己》这种自传体的小说很新颖，都希望用这种方式去展示自己的图书。这么多年来，只有邹小强等少数作者的个别书成为畅销书，其他大多数沉于大海。究其原因，如果以这种方式写小说，图书分到小说类，竞争是非常激烈的，图书折扣往往是非常低的，这样反而不利于打造图书的竞争力。

4. 写作风格

　　每个作者都会有自己独一无二的写作风格，要想给读者留下深刻印象，作者的写作风格也很重要。写作风格代表着作者风骨，有的读者看完一篇文章，就算没看懂在表达什么，但记住了作者的语言风格，往往也会增加印象分。像刘润的写作风格，就是用很平实的语言向读者娓娓道来一些很复杂的商业知识，内容专业权威的同时又很接地气。

　　特色就是卖点，打造特色就是创造卖点，想要实现这一点，就要转变意识，做到知己知彼，以鲜明的风格占领重要市场，从而打造出自己的爆款书！

【爆款关键点】

作者不仅仅是写作者，更是营销者，作者的营销者这个身份一定要穿插在整个图书的策划写作和营销全过程。《孙子兵法》说不战而胜，写作者也要在图书进入市场之前就想好自己不战而胜、屈人之兵的关键点在哪里。

隐秘的雷区：
重视与编辑的高效沟通

【请你带着这些问题阅读】

1. 作者与编辑高效沟通有哪些意义？

2. 作者与编辑沟通需要掌握哪些技巧？

3. 作者在各个阶段与编辑沟通有哪些要点？

现实中，我发现作者与编辑的沟通是个大学问，如果不注意，小则拖沓出版周期，严重的话，作者甚至会在出版前夕动了换出版社的念头，这对图书的出版和营销都非常不利。由于出版业的专业性、严谨性和壁垒性，如何与编辑有效沟通，作者需要特别注意。

编辑与作者的沟通从选题形成之初就开始了，并始终贯穿于图书出版的整个流程。一本畅销书的产生，有很多因素的共同作用，作者、编辑、发行、营销、平台等缺一不可。但在这些因素当中，图书的策划编辑就像总导演，他是调动各环节的中心，是沟通各方的枢纽。对于新人作者来说，这本书是他的处女作，但是对于编辑来讲，他手头上可能有几本甚至十几本书同时在进行，所以作者和编辑对这本书的感受和重视程度不太一样。

这里按照申报选题阶段、选题阶段、写稿阶段、编辑阶段、营销阶段共五个阶段的顺序，分别列出在不同阶段写作者与编辑沟通的要点和技巧。

申报选题阶段的 5 大沟通关键点

1. 材料、资料提前准备，让编辑可以提前做工作

作者在与编辑沟通之前，可以先把一些背景材料提前用书面的形式发给编辑，以让编辑提前了解整体情况，做好准备。编辑在消化吸收这些材料的过程中可以更好地理解并提前做准备工作，这样在下次正式的沟通中，编辑可以更加充分地了解作者，并提出更加成熟的意见。

2. 沟通可以口头，也可以书面，重要的事情尽量打电话或面谈

对于出版过程中重要的事情，作者要尽量与编辑打电话或者见面敲定。对于编辑来说，他们一天的工作、会议特别多，而且编辑往往要对接很多的作者。如果发邮件和微信，编辑并不一定能立马看见，也有可能在和作者沟通的过程中，被其他的事情影响。所以对于重要的事情一定要即

时沟通、充分讨论，及时敲定方案。如果是同城，有条件的还可以与编辑见面讨论，这样沟通效果更好。比如有的书，在重要的环节，作者会带团队过来，与编辑们一起头脑风暴，作者专业的知识再加上编辑的市场意识和经验，特别容易产生火花。

3. 明确主题，专门记录沟通时间和沟通要点

高效沟通中，一定要明确主题，每一次打电话也好，见面也好，书面沟通也好，要提前明确主题和需求。作者最好有一个专门记录与编辑沟通的要点的本子，每次沟通前明确主题，以防和编辑讨论的过程中，偏离了主题。其实作者不可能每天花很多时间去跟编辑沟通，编辑每天也要与很多的作者沟通，所以作者要重视每一次与编辑的沟通机会，让每一次的沟通都有主题，提出明确的需求并且得出解决方案和落实时间。这样作者才能够跟编辑合力，有条不紊地把这本书向前推进。

4. 出版各个环节提前准备和计划

图书出版都有周期、有节奏，凡事都要提前计划和准备。有时候书都快付印了，作者临时说想加个签名页，这对编辑来说就很难做到。因为这个时候图书已经装订了，没法再加签名页，即便没装订，因为签名页的纸是特种纸，还需要提前去调纸、裁纸，作者签名、来回邮寄，会增加很多的时间成本，但往往这时候已经确定了预售的档期，这就很难办。如果这件事情能够提前准备的话，那情况就会好很多，大家都有时间做充分准备。

5. 态度积极、真诚

作者和编辑对一本书的感情、投入的重视程度是不一样的，因为对作者来讲，尤其是新人作者，这本书就相当于他的第一个孩子，可是编辑手上书太多了，而且每一本书都是一个项目，非常的庞杂。如果想让编辑更加重视你的这本书，作者就要更加积极主动联系编辑，提出想法，展示自己的诚意、资源和实力，让编辑意识到这本书的重要性和未来的潜力，编辑自然而然就会把工作重心往这本书上移。

选题阶段的 3 大沟通要点

 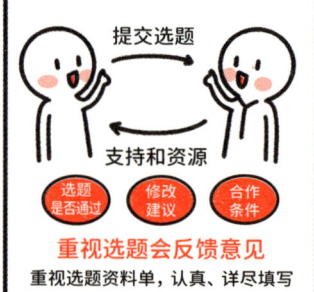 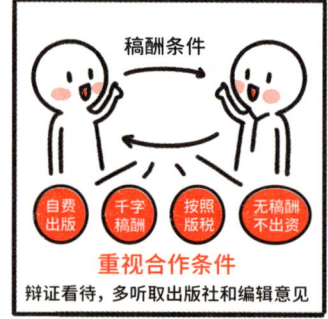

1. 充分与编辑沟通选题细节

作者要充分介绍自己的背景、经历、打造 IP 所处阶段，展示自己的诚意和实力，让编辑更大程度地了解、熟悉和信任作者，知道作者的需求。同时也有利于编辑结合市场需求，结合出版社的产品线，给作者更成熟的意见。

在选题阶段，作者一定要把自己对于写书的想法充分地表达出来。有的作者可能会担心自己的想法不成熟，但没有关系，大胆地把自己的想法向编辑表达出来。因为对作者来说，这本书怎么写、写什么很重要。作者的想法可能很多，但是有的不落地、不现实，或者不适合他这个阶段的发展需求。这个时候就需要编辑结合市场的需求，结合作者的需求和资源来把脉，从作者的众多想法中提出中肯的建议。

2. 重视选题会反馈意见

选题阶段很重要的一件事情就是提交选题会讨论选题，它是出版社决定选题过不过的必备环节。出版社一般会让作者先提交选题资料单，它是选题会了解作者和选题的一个重要窗口，作者一定要重视选题资料单，并且尽量认真、详尽地去填写。编辑也可以通过选题资料单更好地理解作品，在选题会上为作者争取更多的支持和资源。

在选题会上，众多资深编辑和市场部经理们讨论的议题有：这个选题能否通过、通过的话有什么建议、以什么条件合作。

3. 重视合作条件

在选题会上，核心是讨论作者的合作条件，即稿酬条件。一般来说，选题合作条件中关于稿费有以下几种基本形式：

- 出版社不支付稿酬，需要作者支付出版资助；

- 出版社支付稿酬，按一次性千字稿酬；

- 出版社支付稿酬，按照版税支付稿酬；

- 出版社不支付稿酬，作者也不用支付出版资助。

是否需要作者支付出版资助，在于选题的方向和市场的大小。对于一些小众的学术图书，本来市场就很小，卖不了几百本，如果出版的话，出版社一定是倒贴成本的，但是这类书是稀缺的，对学科建设也是必需的，这样就需要出版资助，一般来说这类图书作者多为高校老师，学校会有相应的出版补贴。

出版社是否支付稿酬，取决于出版社对选题的整体把控和前景预估。新人作者首次出版图书，对出版社来说，风险其实很大，因为前期所有的成本都由出版社承担，但书出版后的情况是未知的。对于新人作者，有出版社愿意签约，愿意花钱打造，愿意承担风险，是很不错的，如果出版社还愿意支付稿费的话，那就更好了。

当然有些作者，出版社可能不支付稿酬。这其实需要辩证看待，有可能是出版社觉得选题的风险太大，把握不大。这种情况下，我建议作者听一听出版社和编辑的意见，在他们的帮助下去修改和打磨选题，严格要求自己。因为出版一本书，对于作者最大的价值不是得到稿酬，而是利用图书这个载体去扩大和传播自己的影响力。

选题会是由出版社聚集出版经验丰富的编辑开会讨论选题，这些人包括社领导、各个部门的编辑部主任、市场部主任、资深策划编辑、资深营销编辑，他们的意见是全方位、多角度的，相对来说是非常成熟和专业的。所以建议作者要等选题会通过选题之后，根据选题会反馈的意见，对选题及时做出调整，等到出版合同正式签订以后再着手书稿的写作或者完善。

写稿阶段的 3 大关键点

1. 定时联系，主动反馈书稿进度，请编辑把关内容

在签订出版合同之后，作者进入写稿的阶段。在写稿过程当中，作者可以按照约定周期或者书稿写作的进度与编辑沟通，主动反馈书稿的进度，请编辑给予意见。可以一个月联系一次编辑报告书稿进展，也可以每写完一章就发给编辑。这样一来，编辑可以及时帮忙把关，确保写作不偏离写作大纲和选题会定下来的选题方向。在这个过程当中，一来作者可以充分利用编辑的专业知识和经验，确保书稿写作在正确的方向上；二来编辑的反馈可以作为一个外在的约束和监督，确保书稿及时完成。

2. 对编辑反馈的问题充分讨论和研究，让编辑助力书稿的完成

对于写稿过程当中编辑反馈的问题和建议，作者应该予以重视，并且与编辑做充分的讨论和分析，将其形成一个方案。编辑尽早地介入书稿当中，这样作者会少走弯路，提高效率，及时完成书稿。

3.写作初期关于写作的要求和细节，可以请编辑指点

在开始写作时，会有一些写作的要求、标准和细节，这些可以让编辑做指导。有一些特殊的写作主题可能会有一些特殊的要求，编辑会比较有经验，甚至有现成的写作要求，可以直接发给作者。

编辑阶段的 4 大沟通要点

编辑阶段是作者把书稿交给出版社之后，由出版社去做排版设计、三审三校、申请书号、装帧设计、印刷装订等工作，这个过程当中由编辑来主导，但是对于作者来说，仍然需要定期主动地与编辑沟通，一来是明确出版的进度，二来也可以及时解决一些书稿中的问题，助力图书早日上架。

1.明确提交稿件是齐、清、定版本，请编辑验收

作者经常会把不同版本的稿件发给编辑，这些属于过程稿。正式提交出版流程的稿件，要求"齐、清、定"，齐就是内容齐全，清就是稿件清晰，定就是定下来、不再修改。所以最后交稿的版本一定要跟编辑确认。有的作者将书稿交给编辑，经编辑操盘进入了出版流程，过了一段时间作者又跟编辑说要再交一版更完善的版本。前一版书稿已经进入了出版流程，再替换版本就很麻烦。因为排版、审校都需要很多时间和人力成本。也有作者把稿件交给编辑之后，没有明说这个是最终版本，

编辑极有可能还一直在等他提交正式稿。所以交稿的时候作者要明确告诉编辑这是"齐、清、定"的稿件，编辑也会明确提示作者书稿将进入出版流程。

在编辑审校阶段，有的编辑会把已经改好的书稿返还作者修改、补充和确认。这里要注意的是，作者千万不要拿原稿去跟审校后的书稿进行一一比对。因为出版社编辑对于书稿内容的把握和修改，会考虑很多因素，包括出版政策、敏感词、知识产权等，给作者原文做一定幅度的修改是很正常的。作者可以从头到尾看一遍，如果看到确有违背自己原意的内容或者修改不当的内容，可以跟编辑提出修改意见。作者一旦拿书稿与原文一一比对，往往就会陷入一种负面情绪，觉得编辑改得都不对，改得都没必要，导致书稿进度又退回审校之前。

2. 与编辑提前沟通书稿整体设计的要求和想法

在提交书稿之后，作者一定要与编辑提前沟通有关书稿整体设计的想法和要求。有些作者比较有想法，希望自己的书做成什么风格、什么开本、如何装帧设计，这些都要提前跟编辑沟通。对出版社来讲，不是对所有的图书都给予同样的重视，出版社会根据整本书稿的内容、主题、质量、方向、作者背景、作者配合程度等，给这本书做一个评级，所以很有可能编辑的想法跟作者有出入，这就需要作者跟出版社充分沟通，商定最终的方案。

3. 提交正文后，可以准备文前、文后及封面文字材料

提交正文之后，作者就可以准备文前、文后和封面文字材料了，也可以让编辑给一些建议和意见，比如自序和推荐序怎么安排？请什么样的人来做推荐序合适？推荐序要几个？封底的推荐语和推荐人如何安排？各个领域名家如何安排？

4. 明确大概的出版周期，安排相关资源准备

明确大概的出版周期，等到图书快要上市的时候，作者需要整合一些资源为新书的上市做助力。在这个过程中，编辑与作者也要及时沟通，出版社也会有很多的资源，商量如何更好地助力合作共赢。

营销阶段的 4 大沟通要素

1. 明确自己的想法和资源，请编辑调配资源和助力

在营销阶段，作者首先要提出自己的想法、思路和已有的资源，让编辑综合判断，结合出版社的资源，看如何更好地组织调配这些资源助力图书的宣传和营销。

2. 与编辑充分沟通营销方案

作者与编辑要充分沟通，做一个完善的营销方案，定好目标并且拆解目标，而且对于关键时间节点要达成共识，明确各自的责任，各司其职，

共同完成目标。

3. 营销中的物料，请编辑帮忙提取和准备

在营销过程当中有很多的物料，比如封面的立体图、平面图、视频、海报、征订单等，编辑都要去做。作者提前提要求，让编辑提前提取和准备，然后一起打包发过来，作者好拿去宣传。

4. 相互理解和尊重

在印刷、物流、上架、补货等环节，都有可能会出现一点时间差，所以编辑往往无法承诺准确的时间。因为这是需要出版供应商、印刷厂、物流和商家平台共同推进的事情。这么多环节也不是编辑一个人所能控制的，编辑只能尽量地去做好这些事情。如果现实中遇到了时间差，或者说与预期的计划有一点偏差的时候，作者要给予理解和尊重。

只有充分地掌握沟通技巧，在选题、写稿、编辑、营销各个阶段做到与编辑高效沟通，才能获得编辑的助力，实时把握图书出版的整体节奏，让自己的出版之路畅通无阻。

【爆款关键点】

关系是成事的基础，对于打造一本爆款书来说，作者只是其中重要的一环，与作者直接沟通、与这本书息息相关的是这本书的编辑，作者与编辑沟通的效果很大程度上决定了这本书的出版效率和呈现效果。

扫描二维码，关注公众号，

输入"策划"，获取神秘锦囊。

Chapter

03

爆款图书逻辑
结构的 3 大要点

告别混乱：
如何搭建书稿中的逻辑结构

【请你带着这些问题阅读】

1. 为什么写书时要注意逻辑结构的搭建？

2. 保持逻辑结构的统一需要注意哪些事项？

3. 确定图书的逻辑结构有哪些思考方式？

想得明白才能写得明白，会写作的人大多是会思考的人。

认知学家斯蒂芬·平克说过："写作之难，在于把网状的思考，用树状的结构，体现在线性展开的语句里。"在知识输入过程中或者刚开始写作时，我们脑海中的思路总是跳跃和断断续续的，在思考一个知识点的过程中，会有万般思绪涌上心头，它们彼此之间没有密切联系，甚至混乱不堪，蜘蛛网一般丝丝缠绕在一起，一圈围着一圈，这种状态就是没有灵感或者是思维混乱。然而但凡是成书，呈现给读者的内容必定是如水般流畅，网状的思维必须经过梳理。这就要求我们在写作时，把这些缠缠绕绕的思路抽丝剥茧，梳理清晰，就像剖析一棵树，细细分清哪里是树冠，哪里是树干，哪里是树根，最后根据树状结构，用流畅的线性文字将它们表达出来。

条分缕析是图书畅销的基础

逻辑是思维的规律或者规则，在写作中我们可以把它看作一个工具。这个工具可以是一把梳子，这把梳子的齿是均匀的，而且自始至终都用的是这一把梳子，不能换第二把不一样的梳子。这个工具还可以理解为一把斧子，劈柴时最好始终用这把斧子来劈，不能一会儿用斧子，一会儿用剪刀，一会儿用刨子，否则整理出来的柴（材料）就是乱七八糟的。这个工具还可以理解为建造一栋建筑物的指导风格，是时尚的现代风格，还是传统古朴的中式风格，抑或是温馨的田园风格？在建造这栋建筑之前，设计师需要定个基调。这个基调具体到写书中就是写书的逻辑。

方法对了，搭建图书结构就像搭建积木一样简单

逻辑是软性的，是内在的；结构是硬性的，是外在的。相信大家都玩过搭积木的游戏，其实图书搭建的过程有点像搭建积木。图书的结构就像

楼房的框架或柜子抽屉。可以把结构看作一面柜子，类似中医药房里的中药柜，柜子里横竖布局着分门别类的抽屉，写书的结构就是按照一个统一的规则把这些抽屉排列好，后面再把内容、素材分门别类地装进抽屉。

当然，大厦的框架结构和柜子抽屉的隐喻有异曲同工之妙，由此可见逻辑结构有以下特点：

（1）统一性。整体结构有统一的设计思路和规则标准，不会乱。不能一层是中式结构，一层是田园结构，一层再是时尚风格结构，一层又是欧式巴洛克风格结构，这样的话，这栋楼不仅风格混乱不堪，而且结构存在安全隐患。

（2）完整性。没有跳跃、没有断层、没有遗漏，光滑顺畅。

（3）合理性。设计科学合理，不会出现大楼歪斜、柜子倾斜的情况，要稳稳地立在平面上。

（4）连贯性。风格自上而下、从内到外都是连贯的，没有明显的、突兀的部分，易让人接受。

（5）结构性。它们都呈现出一定标准下的结构性，从整体到部分都有具体的分解并且标准统一。

其实方法对了，搭建图书结构就像搭建积木一样简单。

正文中落实好这 4 点，逻辑结构不会乱

逻辑结构是成书中至关重要的因素，很多作者虽然没有专门思索过写书的逻辑结构，但也写出来了很不错的书稿。这种情况确实存在，作者的专业知识扎实，早已形成了自己的逻辑结构，他只不过是将脑海中线状的逻辑结构无意识地用文字平面地展示出来。但新人作者学习写书时，要将逻辑结构从无意识状态提升到有意识状态，这样能大大提高写书中的逻辑思维能力，就能够更好地掌握写书的关键技能，为未来写出优秀作品做准备和铺垫。

在写作的过程中，逻辑是软性的，看不见的；结构是刚性的，看得

见的。如果想保持逻辑结构的统一，很重要的一点就是不能出现内容的跳脱和矛盾，保持正文前后的连贯和一致。在这里有以下几点需要重视：

1. 专有词汇一定要做解释

在正文中突然蹦出来个专业词汇，会让普通读者不知所云，可能在这里逻辑的线就断了，理解受到了干扰，甚至会有歧义，对内容的准确领悟会大打折扣。

2. 英文词汇一定要翻译和解释

专有词汇是中文的，猜一猜、蒙一蒙，读者也许还能大致理解，但是英文词汇如果不翻译，读者有可能就不认识，对这个概念的理解就不通透了。尤其是一些英文的缩写更是如此，作者可能很熟悉，但是对普通读者来说，这就是破坏连贯性的地方。

3. 观点前后统一

因为书稿不像文章，字数多，结构复杂，内容庞杂，有时作者在写作过程中战线拉得较长，就可能会发生前后观点有偏差的情况；有时，一本书有多个作者，就有可能前后观点不一。这时读者就会因为前后内容矛盾感到迷惑。一般来说，作者或统稿者在初稿写完后，一定要仔仔细细地确认，保证观点的连贯性和书稿的流畅性。

4.人名、地点名、文件名保持一致

有些作者在写作中经常会用一些简称，但是前面不做统一说明的话，读者很难跟上作者的思路。

条理清晰的书稿可以准确、清晰地表现同一主题思想下各部分之间的逻辑关系。在图书写作过程中，尤其是搭建目录提纲的时候，作者需要将水平思考和垂直思考交错使用。这种水平思考和垂直思考的交错，就像织布一样来回穿梭，将书稿织成缜密、结实的锦缎。

为了帮助各位作者更好地写作，我萃取了一套写作思维的方法论，可以帮助大家在较短的时间内快速提升写作能力，希望大家持续关注。

如何用垂直思考确定逻辑结构？

在书稿的纵向层级结构中，我们常常使用垂直思考：在一个特定的主题下，围绕着这个主题不断地用提问的方式，让读者跟随作者的提问、思考和答案去展开正文。在写作中，作者的思想和观点会带领读者开拓他们的认知界限，读者会感到好奇和疑惑，因为他们正从知识的舒适圈走向知识的学习区。因此作者在上一层级中提出的问题，需要在下一层级中予以回答，让读者非常清晰地看到书稿中纵向的这条线索，很快地抓住书稿的脉络和精髓。具体来说分为以下几个步骤。

1. 确定主题

写书的第一步是搭建图书的逻辑架构，它是一本书的骨架，如何架构这本书的体系关乎这本书的结构是否合理、逻辑是否通畅。搭建逻辑架构的前提是拥有一个明确的主题，通常这个主题可以用提问的方式呈现。如果没有明确的主题，写作者经常会感到困惑和束手无策。如果说逻辑结构是一张网，那么主题就是收网的线，非常关键。主题是逻辑结构的起点，从它开始来规划和引导整个写作过程。清晰、明确、具体的主题，无疑就是写作者头顶上的那颗启明星，时刻指引着作者在解决这个问题的道路上不断精进，不会在成堆的数据中迷失方向。

2. 明确需求

在确定主题之后，不要着急去构建这本书的结构，因为从主题到逻辑架构这一过程中有很重要的信息需要收集。一般来说是调研市场需求，主要是读者的需求。读者的反馈会大大地影响作者具体架构图书的思路。不收集市场需求的写作是自我欣赏，当然也有很多作者在平时就善于观察和收集读者需求，这样在他的思想中会不断有读者的视角和需求，这样设计出来的逻辑结构自然是比较成熟的。

了解读者需求的提问：

① 谁会看我这本书？
② 我这本书什么地方最吸引他们？

③ 他们为什么要买我这本书？

④ 我这本书对他们来说最大的价值是什么？

⑤ 看了这本书，对他们有什么影响？

⑥ 他们最想学到的知识是什么？

⑦ 读者群体有什么特点，他们更易于接受什么展示方式？

⑧ 读者的需求是什么？我的知识内容如何解决和对接他们的需求？

⑨ 这些读者对我的解答会如何反应？

⑩ 我的观点和内容是否颠覆了他们的原有认知？

⑪ 这个问题是他们普遍的问题吗？还是我自己的问题？

⑫ 我的这本书如何解决他们的问题？

⑬ 读者群体最感兴趣的是什么内容？

⑭ 关于这个主题，他们最期待我写什么内容？

⑮ 同样的需求，我这本书是否可以带给他们全新的认知？

3. 自上而下确定逻辑结构：不断提问

建立一个体系需要一套自洽的逻辑，这套逻辑就表现为一系列的关系，不断提问是一个很好的自上而下推演逻辑结构的方法。我们知道主题是统摄全书的，那么正文中如何展开这个话题？这本书将分为几个部分？这几个部分如何支撑和对应这个主题？这几个部分之间是什么关系？它们之间怎样链接？怎样推进？内在的逻辑顺序又是什么？这些问题都可以用提问法解决。

通过提问的方式，向自己潜意识的海里撒一张网，看看能捞上来些什么宝贝。当然这张网，也就是这个问题是有范围和标准的，只有符合这张网的要求才能够被打捞上来。

在这里，作者可以问自己以下问题：

① 关于这个主题，基于我在该领域的积累和对市场需求的调研，我将按照什么样的方法来展开和推进呢？

② 关于这个主题，我觉得哪些因素最重要，罗列出这些因素之后，我将如何安排这些因素的关系？

③ 关于这本书，读者期待我以什么方式来展示呢？

④ 我觉得以什么样的方式来展示最好呢？

⑤ 这种展示方式是否适合读者大众？

⑥ 这种方式最适合知识的展开吗？

⑦ 哪种方式结合了知识展开和读者需求？

⑧ 这本书的内容，有哪些展开方式？

⑨ 这些展开方式，各有什么优点？

⑩ 这些展开方式，各有什么缺点？

⑪ 市面上已经出版的图书，它们都用了什么样的展开方式？

⑫ 市面上已经出版的图书，它们的逻辑结构有什么优点值得我学习？

⑬ 市面上已经出版的图书，它们的逻辑结构有什么缺点我要避免？

⑭ 结合这么多新的信息，我将以什么方式来展开自己这本书？

在回答了这样一系列的问题之后，相信作者已经对如何展开这本书的架构体系有了很深的认识。同样的主题，可以向读者呈现出不同的展示方式，即不同的架构体系。所以说，定好主题是逻辑结构的前提，收集读者需求是完善和升级作者对作品的认知，围绕主题不断提问是逻辑结构的关键。

4. 自下而上确定逻辑结构：合并同类项法

在现实中，除了自上而下不断提问确定逻辑结构的方法之外，还有一种自下而上的方法可以确定逻辑结构，即归纳法，它对一组具有共同点的观点、思想进行归类分组，并且从中概括出它们的共性。在确定逻辑结构的时候，它也是一种很好的可以帮助作者更好更快地确定目录提纲的工具。

具体来说，对于一个主题，作者在充分调研和思考后，可以就这一主题写出自己脑海中所有的关键词，有多少写多少，尽量多地写在纸上。然后就这些关键词进行整合，合并同类项，组成一套自己的体系结构。这需要作者写出能想到的所有关键词，把这个主题的知识切碎，然后根据自己的理解重构这个主题，这里面包含着作者原有的知识、新吸收的知识、新旧知识碰撞产生的新知识，将知识混合，再按照作者理解的分类重新输出和排列。

如何用水平思考确定逻辑结构？

水平思考是指在书稿的横向层级结构中，同组内容之间存在一定的逻辑顺序。在横向的水平思考层级结构中，书稿内容的顺序安排取决于这些内容之间的逻辑关系。如何让书稿条分缕析地表达出作者的思想，这就需要熟练掌握演绎推理和归纳推理的方法。

1. 演绎推理

演绎推理是相对于归纳推理的一种线性的推理方式，是由两个含有一个共同项的性质判断作为前提，得出一个新的性质判断为结论的一种推理。三段论是演绎推理的一般模式，包含三部分：

大前提——已知的一般原理；

小前提——所研究的特殊情况；

结论——根据一般原理，对特殊情况做出判断。

具体到书稿中，每个结论都是由前一个思想一步步推演得出来的。

2. 归纳推理

归纳推理是将一组具有共同点的思想、结论按照一定标准归类分组。归纳推理要比演绎推理难，因为归纳推理需要总结不同的思想、观点和信息的共性，并将它们归类到同一组中，说明其共性。在使用归纳法写书时，必须先准确定义这组的中心思想，即该组所有思想都拥有的共性。在这个前提下，去识别、挑选和剔除在该组思想中不同类的内容。当然，我们在前面也提到过，归纳推理也可以运用在垂直思考中的自下而上确定逻辑结构中。

真正掌握的知识是通过输出来完成的，写作是知识输出的一种重要方式。大脑中的想法往往是浮光掠影，是碎片化的，说出来也是对某一个知识点的阐释。写则不一样，如果想要写出来，就必须掌握逻辑结构，做好谋篇布局，实现体系化。

【爆款关键点】

一本书，需要一个条分缕析的结构做骨架。这需要有科学清晰的逻辑结构，逻辑是软性的，结构是硬性的；逻辑是内在的，结构是外在的；逻辑是隐形的，结构是显性的。在写书之前，必须要搭建清晰有力的逻辑结构框架，这是图书畅销的基本要求。

万能结构：
黄金圈法则及其引申用法

【请你带着这些问题阅读】

1. 什么是黄金圈法则，有哪些常见的用法？

2. 为什么要用黄金圈法则来打造写作框架？

3. 如何使用黄金圈法则打造写作框架？

很多人说，我们听过很多道理，却依然过不好这一生。这是为什么呢？这取决于你是否做到了知行合一，是否能够透过事物的表象看到本质，探寻真正的价值，这也是我们本章想要讲述的在写作中常用的方法——黄金圈法则。

你不得不知道的黄金圈法则

　　黄金圈法则是西蒙·斯涅克在 TED 的演讲上提出的。众所周知，乔布斯的演讲能力非常强，而这背后则折射出他与众不同的思维模式。西蒙·斯涅克分析了乔布斯的这种思考模式，并且把它命名为黄金圈法则，为我们揭开了乔布斯的思维模型的秘密。

　　西蒙·斯涅克在《从"为什么"开始》一书中写道：乔布斯的思维方式就是运用了黄金圈法则，直指问题核心，从 Why 开始，然后是 How，最后才是 What，这是典型的由内向外的思考模式。

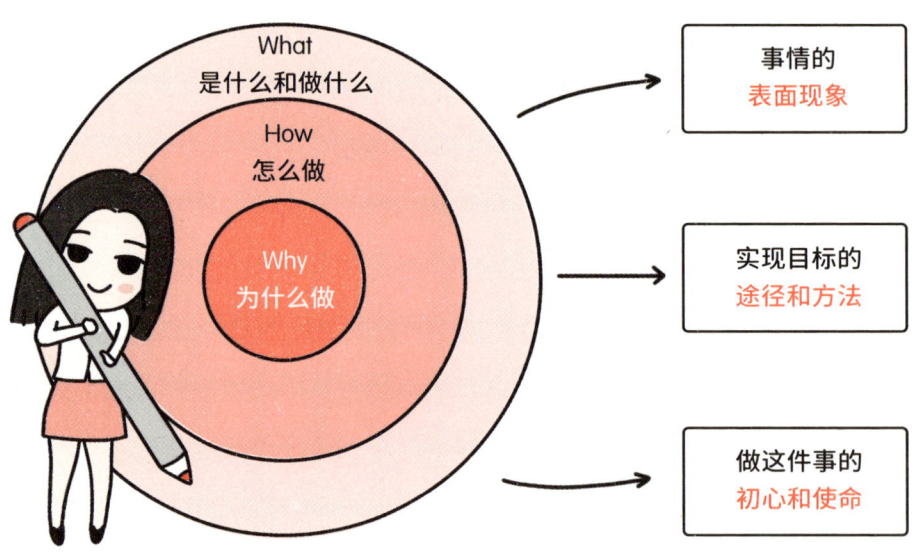

具体来说，它把思考和认识问题画成三个圈：

最外面的一圈是 What 层，讲是什么和做什么，指的是事情的表面现象；中间的一圈是 How 层，讲怎么做，也就是实现目标的途径和方法；最里边的一圈是 Why 层，即为什么做这件事，这是做这件事的初心和使命。

西蒙·斯涅克以乔布斯在苹果公司的新品发布会上的演讲为例，不同于普通的发布会套路："我们的手机内存是……摄像头分辨率……，机身超薄达到……，这部手机非常棒，你要买一部吗？"

乔布斯是这样演讲的，"我们是追求创新、想要改变世界的公司"，这是 Why 部分，讲的是苹果公司的初心；"在探索创新的路上，我们设计了这样一部手机"，这是 How 部分，说的是设计制作的过程；"它拥有不错的外形、硬件，以及人性化的系统"，这是 What 部分，说的是最后呈现出来的结果。苹果公司"改变世界"的初心（Why），触动了大家想要表达、想要与众不同的内心需求，唤醒了人们内心的渴望，引发了人们心中的共鸣，最后水到渠成地触发购买行为。西蒙·斯涅克让我们认识了这个神奇的思维模式——黄金圈法则，因此黄金圈法则被越来越多的人所认知和运用，在演讲中、在广告中，大家都可以看到黄金圈法则的身影。

黄金圈法则是一种思维模型。在写作当中，黄金圈法则依然是一个非常好的写作模型。在众多的写作模型当中，黄金圈法则因为简单易行、运用面广，可以作为一个常用的思维模型来运用。

黄金圈法则在写作中的 3 种用法

1. 传统用法：Why—How—What

在传统用法中，黄金圈法则对思考的顺序是"由内向外"：先说 Why，再说 How，最后说 What。

这是典型的黄金圈思维模式，即画成以下三个圈：

Why：为什么？

How：怎么做？

What: 是什么？

未经 Why 挖掘本质的 What 一般来说是伪需求、表面需求，只有通过 Why 不断探索和追问的需求才是真需求，所以经过 Why 追寻过的 What 是重新定义的、有意义、有价值的 What 。

2. 变形用法：What—Why—How

在写作中，常常会用 What—Why—How 的变形结构，一般用于介绍概念和理念。这里的 What 往往是一个新颖的概念，有重新定义的意思，作为一个全新的事物向大家推荐出来，让大家重新认识。紧接着，用 Why 来阐释重新定义这个事物或者理念的初心和价值，在这里一如既往地发挥了黄金圈法则的优势。最后，用 How 告知大家这么好的事物或者理念在现实中如何去操作和运用。按照这样的方式，循序渐进，虽不如 Why—How—What 更加震撼，但也是一个符合人们认知的闭环。

3. 省略用法

在写作中，黄金圈法则也有很多省略用法。总的来说，可以省略 What，可以省略 How，但就是不能省略 Why。因为 Why 是黄金圈法则的灵魂。那么简单来说就是以下两个组合：

第一，Why 和 What 组合，这个组合顺序可以互换。如果只需要说明这个理念和背后的本质，对于 How 具体操作还不成熟或者没有定数的时候，可以适用这种情形。如果 What 已经是重新定义过的或者在先前的传播中已经反复宣传过的，就可以放在 Why 前面。

第二，Why 和 How 组合，这个组合一般来说 Why 在前，How 在后。在这种情形下，What 作为大前提，是众所周知的，或者在前面已经阐释和探讨过了的，就可以省略或者简单提上一句，不做过多的解释和阐述。

黄金圈法则在写作中的万能用法

1. 用黄金圈法则来打造写作框架，结构化、简单易操作

黄金圈法则是一个典型的循序渐进的结构化思维过程，将它运用在写作当中，就是一个结构化的写作框架。通过这个结构化的模型，给予大家一个简单易行的思路，只要记住这个模型，不论是在写作中，还是在演讲中，都能非常快速地形成完整闭环。

在利用黄金圈法则打造写作框架的过程中，要通过"从本质到表象"

的提问，一步步抽丝剥茧，得到具体解决方案。在前面黄金圈法则在写作中的常见用法中，大家可以看出：重视 Why 是核心。因此，黄金圈法则的本质是通过探寻"为什么"，透视事物或者理念的本质及原因；顺着这个本质出发，通过"如何做"，演绎出具体的整体逻辑脉络，以找到实操的具体方式；通过"做什么"，重新定义这个新的事物和理念，探寻本质之后回归到定义，本身就是一种全新的理念。

2. 有深度，用 Why 聚焦本质

黄金圈法则这个名字，说明了这个法则代表着思维结构之间像黄金分割般的完美组合。在现实中，人们的关注点不是功利地停留在"怎么做"上，就是停留在浅层需求 What 的层面上。但是如何才能发现事情的本质，找到现象背后的底层逻辑，这才是黄金圈法则这个工具的价值。

这让我想起了三个工匠盖教堂的故事：

行人问正在砌墙的三个工匠都在做什么。第一个工匠说自己在砌墙，天天重复砌墙动作，非常枯燥；第二个工匠说自己拼命干活，为的就是养家糊口；第三个工匠回答的时候，眼睛望着远方，略有沉思，他说道：我正在盖一座教堂，建成之后，它将成为这里最神圣的教堂，成为人们心灵皈依的净土，当人们在这里祷告，洗去俗世的疲乏，面露微笑地步出教堂时，我与他们一样满足，我使人们的心灵得到慰藉，这里面永远有我的一份成就。

对 Why 有不同深度认识和回答的人，对本质有着不一样的认知。正如电影《教父》中经典的一段话："在一秒内看到本质的人，和花半辈子也看不清事情本质的人，自然不是一样的命运。"这正是黄金圈法则的核心：用 Why 聚焦本质，由内向外地不断探寻。法国作家安托万·德·圣埃克苏佩里在《小王子》中说，"如果你想造一条船（What），不要急着找人来收集物料（How），不要给他们分配任务和工作（How），而是要激发他们对大海的渴望（Why）"。

同理，在写作中运用这样直击本质的思维方式组织文字和思想，同样能达到深入底层规律和事物本质的效果。

3. 多角度，有重点

黄金圈法则是从 Why—How—What 三个角度去解释一件事情。What 是定义；Why 更多强调的是直达人心的东西，是信念、价值观；How 是怎么做的问题。要谨记，没有 Why 的挖掘、探索和深入，How 也是持续不了的。

一个概念或理念，它不仅仅是横向的，更是纵向的，是层层递进的，所传递的信息广且深，而且在 Why 这一方面，它往往能够直达人的内心，激发人的内驱力，让人产生共鸣，对价值观、对使命达成共识，从而深深地吸引到人们。

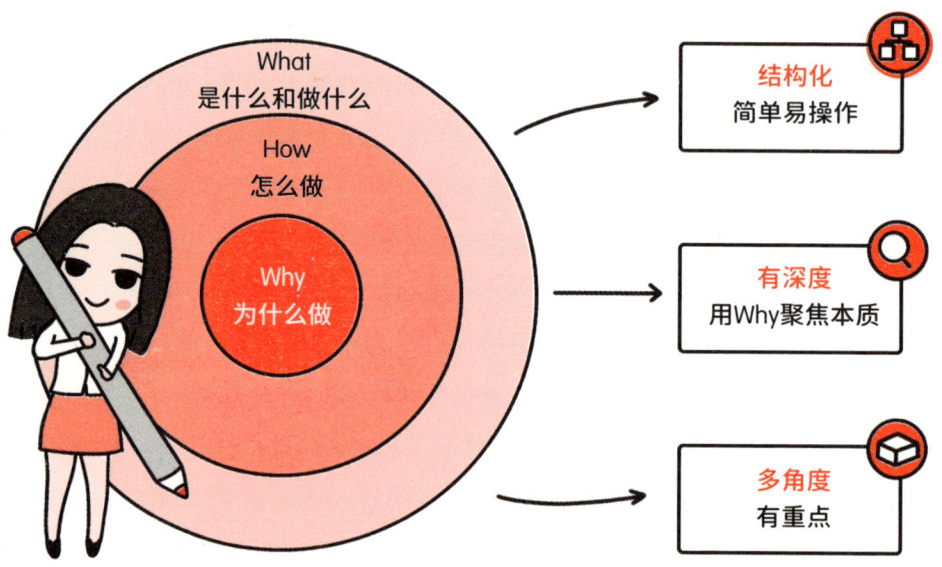

如何使用黄金圈法则打造写作框架？

1. 黄金圈法则适用场合多

一般来说，涉及概念、理念等内容，就可以用黄金圈法则来做阐述。这样的结构层层推进，紧扣读者的内心。

黄金圈法则在写作中的运用，可以说是无处不在的。当然，在不同级别的层次中使用，可以参考前面提到的黄金圈法则在写作中的传统用法、变形用法和省略用法。

2. 巧用 What，引出话题甚至重新定义话题

巧用 What，可以起到很好的作用。这个 What 不是最重要的，但是它的存在重新定义了话题，甚至是颠覆了原有的话题。单独看 What 的结论，可能不觉得有什么不一样，但是结合整个黄金圈法则的推演过程，就会发现 What 是经过 Why 的灵魂追问最终得出来的新认知，可以说是颠覆了之前的认知，更加深入、接近本质、贴合人心。

3. 重视 Why，直击本质，直达内心，更具说服力

当人们关注 What 时，是知道自己要做什么，但不知道如何做或者如何做得更好。于是人们开始关注 How，关心实操落地，研究如何更好地完成任务，去实现 What。但这种往往流于形式，能坚持下来的很少，因为人们没有关注 Why，没有去思考做这件事情的背后原因。

马克斯·韦伯说："人是悬挂在自己编织的意义之网上的动物。"这句话很容易理解，换成大白话就是：如果我们感受不到一件事情的意义，就会缺少做它的动力。黄金圈法则运用到写作中，让我们以 Why 为出发点去不断推进，由内而外，人们通过不断追问 Why 找到内在的使命、价值和驱动力，直击本质，直达读者的内心，形成共鸣，从这个角度再去追寻 How 和 What 就更加有说服力和吸引力。

4.Why、How、What 层层递进，要保持表里一致

如果想让读者对写作者追求的信念和价值建立信任，就要做到黄金圈

的圈圈相一致，即 Why、How、What 保持表里一致，即文中表达的价值观、采取的策略和最后的结果是一致的、和谐的、互相支撑的。

不是忙碌就可以写出爆款书，很多作者从早到晚忙个不停，但依然很难做到正确地输出，精准地掌握黄金圈法则搭建写作框架，熟练地利用黄金圈法则公式探索、挖掘和表达，才能多维度且深刻地表达思想，更好地为写书助力。

【爆款关键点】

黄金圈法则，不论是文字表达还是语言表达，都是我们平时高频使用的结构之一，学好、用好黄金圈法则及其变形用法，可以充分利用在畅销书整体结构和局部结构上。

10

高级法则：
用好 MECE 法则提升书稿表达效率

【请你带着这些问题阅读】

1. MECE 法则的本质特征是什么？

2. 为什么写作要运用 MECE 法则？

3. 如何在写作中运用 MECE 法则？

思考不仅是思维推进的过程，同时也是归类分组的过程。在写作时，作者头脑里、手头上都积累了大量的观点、想法、信息、案例等。《研究是一门艺术》一书中指出，写作是一种书面的思考方式，以读者的角度和书面形式思考，会比其他形式的思考更仔细、更能持续、更能调和不同的观点。换言之，更为深思熟虑。我们头脑中的思维总是离散、跳跃的，会同时涌上很多念头，彼此之间没有什么联系，混乱不堪，就像是剧场散场一样，所有人都朝出口走去，但没有人维护秩序，很容易导致堵塞。所以，网状的思维必须经过"逻辑的关口"，这要求我们对大脑中的混乱思绪进行管理，让那些离散的观念按照一定的标准，排好队有序地流淌出来。

MECE 法则

在书稿写作中，逻辑结构是不可缺少的。在众多的逻辑结构中，先来介绍一下 MECE 法则（Mutually Exclusive Collectively Exhaustive），它的意思是"相互独立，完全穷尽"。在架构书稿结构的过程中，如果有遗漏或者重复的内容出现，那么书稿结构就会变得不完整、不清晰。因此掌握并使用 MECE 法则，可以确保书稿架构有一个完整、清晰的结构。

具体来说，在正文写作开始之前，我们将书稿结构按照一定的逻辑划分成不同的组成部分，划分后的各部分要符合 MECE 法则。MECE 法则可以确保分类结果不重复、不遗漏。所谓的不重复、不遗漏是指在将某个整体划分为不同的部分时，必须保证划分后的各部分符合以下要求：

（1）不重复：各部分之间相互独立（Mutually Exclusive），没有重复，具有排他性。

（2）不遗漏：所有部分完全穷尽（Collectively Exhaustive），没有遗漏的部分。

MECE 法则的本质就是分类："分"即鉴定、描述和命名；"类"即归类，按一定秩序排列归类。如果分类没有涵盖问题的所有方面，那么最终书稿的结论就会以偏概全；如果分类有很多是重叠的，那么读者就无法理解书稿的真正意思和作者的观点。

掌握好 MECE 法则，写书不用怕

1. 用 MECE 法则来把握事物的整体，做到不重复、不遗漏

要把"好"和"坏"用明确数据标准做区分，给每个判断以充足、具体又可衡量的指引，这并不是一蹴而就的事。在书稿写作中，尤其是非虚构类的写作，作者往往准备了很多的信息，对这些信息做出处理、分类、安排，需要一个结构化的东西，MECE 法则就是一个特别好的工具。它可以用来架构写作中的结构，有 MECE 法则这个工具，可以让书稿做到结构清晰、边界清晰，使读者能够很快地、清楚地把握作者的写作结构。

同样 MECE 法则也是一个检测工具，它不仅可以用在作者写作前对结构的架构，也可以用于书稿完成后的检测，衡量书稿的质量。如果书稿中将各种复杂的关系信息叠加在一起导致分不清整体和部分的关系，那就说明这本书稿内容混乱，没有任何条理性，读者很难去把握和理解作者想表达的思想。有遗漏，说明作者考虑不到位……这里其实涉及划分的标准问题，这个问题后面我们会提到。

2. 用 MECE 法则来排列先后顺序

用 MECE 法则，除了可以做到书稿的不重复、不遗漏之外，还可以排列逻辑先后的顺序。在确定好书稿的边界结构、分类标准之后，很重要的一个点就是如何安排结构的先后顺序。这里也可以利用 MECE 法则，在书稿推进过程中安排书稿各部分的先后排列顺序，理顺整体和部分的关系，让书稿内容更加逻辑化。这里值得一提的是，涉及数字类的内容分类时，更容易运用 MECE 法则。

3. 用 MECE 法则提高写作效率

MECE 法则可以大大提高理顺书稿结构、逻辑顺序的效率。我们可以利用 MECE 法则，让书稿结构可视化，甚至可以画出各种各样的图形，让文章结构清晰、明确、有视觉化的效果。这张图会印在作者的脑海里，也会印在读者的脑海里，可以起到事半功倍的效果。

有的作者不懂得 MECE 法则，会把很多信息混在一起，杂乱无章，所以他无法为自己的书稿绘制一张清晰的图谱。MECE 法则就是一个划分的工具和准则，在一开始架构结构的时候就使用，可以帮助作者更好地布局整体内容，使书稿结构完整、清晰。

在写作中如何运用 MECE 法则?

1. 确定主题

一本书如果没有明确的主题，或者主题偏离、主题混乱，都无法扎实地架构书稿的逻辑结构，也无法应用 MECE 法则。因此，确定主题不仅是运用 MECE 法则的前提，也是架构图书结构的前提。

2. 清晰边界

在确定主题之后、架构书稿结构之前，我们需要界定一下该篇文章主题的边界。一个主题，可写、能写的内容太多，如何界定这个范围是安排写作框架的前提。正如 MECE 法则中强调的"完全穷尽"，即不遗漏，这也是在有清晰边界的基础上才能做到的，所以一个清晰的边界界定是写作中利用 MECE 法则的第二步。

3. 确定划分标准

在运用 MECE 法则时，需要确定文章结构的划分标准，即作者准备按照什么属性来划分。我们可以通过一系列的问题来确定划分标准。

① 关于这个主题，在这个设定的范围内，我打算怎样展开呢？

② 如果从读者的角度，关于这个主题，他们希望怎样展示？

③ 关于这个主题，按照我的知识储备和认识，按照什么标准来划分比

较合适呢？

④ 我写这本书的目的是什么？为什么要写这本书？要达到这个目标，采用什么样的分类方式呢？

这里简单介绍几种分类方式：

❶ 要素法

如"优秀员工的七种品质""公司的组织架构图"等，其实都是把一个整体分成不同的构成部分，可以是从上到下，从外到内，从整体到局部。这种分类方法是用于说明事物的各个方面特征的。

❷ 时间法

也就是按照事情发展的时间、流程、程序，对信息进行逐一分类。比如在日常生活当中制定的日程表，解决问题的六个步骤，达成目标的三个阶段，其实都属于过程分类。这种方法特别适合用在对项目进展和阶段的汇报上。

比如大家耳熟能详的把大象放进冰箱的三个步骤：把冰箱门打开—把大象放进去—把冰箱门关上。

❸ 矩阵法

比如我们在安排工作的时候，有一种分类方式是把你的工作分成以下四种：重要且紧急、重要不紧急、不重要但紧急、不重要也不紧急。然后把它们填到四个象限当中去，这四个象限就是 2×2 矩阵，这种分类方式就叫作矩阵法。同理，你也可以得到其他四象限类别，如有能力有意愿、有能力没意愿、没能力有意愿和没能力没意愿。得出的这四项分类是 MECE 的，它是不重复不遗漏的。

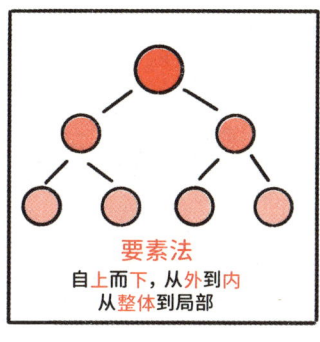
要素法
自上而下，从外到内
从整体到局部

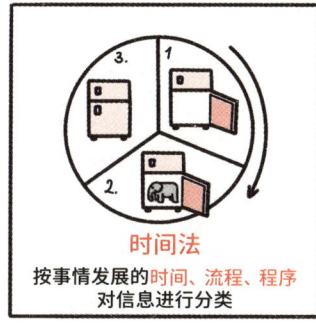
时间法
按事情发展的时间、流程、程序
对信息进行分类

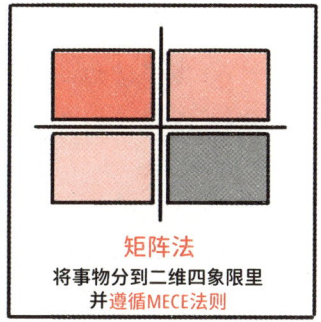
矩阵法
将事物分到二维四象限里
并遵循MECE法则

4. 将 MECE 法则运用到结构的各层

在书稿的结构中，其实每一层都可以使用 MECE 法则，而且在不同的结构下使用的划分逻辑和标准可以是不同的。所以 MECE 法则可以贯穿在书稿的全部结构和逻辑中，这里的标准要与书稿的写作目的紧紧相扣，这样划分出来的结构，才更加符合读者的需求。

比如说在这本书中，目录部分就用了 21 个问题来呈现。

① 个人品牌定位：图书出版定位的顶层设计。

② 主题定位：3 步轻松搞定主题定位。

③ 读者定位：4 个维度紧紧锁定读者需求。

④ 出版定位：最容易被作者忽略的战略定位。

⑤ 新手上路：新人作者如何策划选题才容易出爆款？

⑥ 知己知彼：2 大维度充分挖掘图书卖点。

⑦ 隐秘的雷区：重视与编辑的高效沟通。

⑧ 告别混乱：如何搭建书稿中的逻辑结构？

⑨ 万能结构：黄金圈法则及其引申用法。

⑩ 高级法则：用好 MECE 法则提升书稿表达效率。

⑪ 换个视角：让你的可见资料翻倍。

⑫ 有的放矢：4 步高效搭建知识体系。

⑬ 拒绝低效：作者必知的 4 种极简写作方法。

⑭ 专心写作：高效输出的 9 大心法。

⑮ 守好红线：写书中如何掌握好知识产权问题？

⑯ 以终为始：如何用目标管理来倒逼正文写作？

⑰ 流量是稀缺品：如何利用图书破圈和引流？

⑱ 点石成金：如何留存和转化图书流量？

⑲ 画龙点睛：如何起一个灵魂书名？

⑳ 用心连接：如何准备文前、文后等材料？

㉑ 不战而胜：3 步做好图书预售期的准备。

5. 最后检查

在设定完书稿的结构之后，在正式开始写作之前，一定要将这个结构分类重新检视一遍，看看有没有明显的遗漏或重复，一般可以用思维导图把它画出来，这种可视化的方式让你一目了然，做到不重复、不遗漏。

【爆款关键点】

　　"相互独立、完全穷尽"——MECE 分类法则是结构性思维中的一个非常好用的工具。当我们在搭建书稿逻辑结构时，使用 MECE 法则这个工具来进行梳理，可以保证我们得到一个脉络清晰、角度全面的架构，在这个基础上写作可以说是"易如反掌"！

扫描二维码，关注公众号，输入"逻辑结构"，获取神秘锦囊。

Chapter

04

————

爆款图书高质量成文的 6 大秘籍

11

换个视角：
让你的可见资料翻倍

【请你带着这些问题阅读】

1. 写作中收集资料可以分为哪些种类？

2. 怎样有效地收集和整理写作资料？

3. 如何利用 ChatGPT 帮助自己收集资料？

　　狭义的"资料收集"是指为图书写作收集资料，专门、有意识地去收集。广义的"资料收集"是指自己拥有独立完备的知识体系，在这个前提下平时有目的、有导向地读书、学习所产生的"知识储备"。虽然说写一本书更多的是狭义上的收集资料，但作者可以从更大的范围来看待这个问题，更快、更高效、更优质地进行一本书的资料收集和整理工作。

　　爱因斯坦曾说："不能在制造问题的层次来解决问题。"所以这里要向大家传达一个理念，要早点建立自己的知识体系框架，平时将读过的书、上过的课，进行知识的提炼，形成知识结构，并且按照自己的知识结构合理地记忆。知识积累得越多、越久、越深厚，到需要的时候，把这些知识自动归类排列，就可以组合成一本书了。

资料收集的两个阶段和两种分类

对于一本书来说，收集和整理资料无异于添砖加瓦，那么这些资料要从什么时候开始收集呢？要如何收集？它与知识结构存在什么关系？

在前面的内容中，我们已经说明了逻辑结构和收集资料的先后顺序。在无意识的情况下，人们总认为知识结构在先，其实是资料积累在先，只不过这个时候的资料是潜意识层面或者作者无意识状态下的积累。但正是有这些资料做支撑，作者才会选择、才敢选择这样的主题，因为他对熟悉的深耕领域有把握。当目录提纲列出来之后，作者再去收集和整理资料，那就进入了另一个阶段：专门收集整理资料的阶段。

1. 两个阶段

第一个阶段：选定主题、确定目录提纲前，资料是作者平时总结的经验、积累的知识。

第二个阶段：选定主题、确定目录提纲后。这个阶段有两项工作要做：

（1）梳理已有的资料知识，将自有资源进行总结和整理。

（2）根据写作需要寻找新的资料，或者对原有资料进行补充，使其更加准确、详细。

第二个阶段的资料收集和整理过程，是将自己潜意识状态下的资料调取和整理加工的过程，将潜意识上升到意识，将隐性知识显性化，并且根据目录提纲的要求去寻找和补充资料和案例。这个过程不仅是一个外寻的过程，更是一个内在总结、梳理的过程。

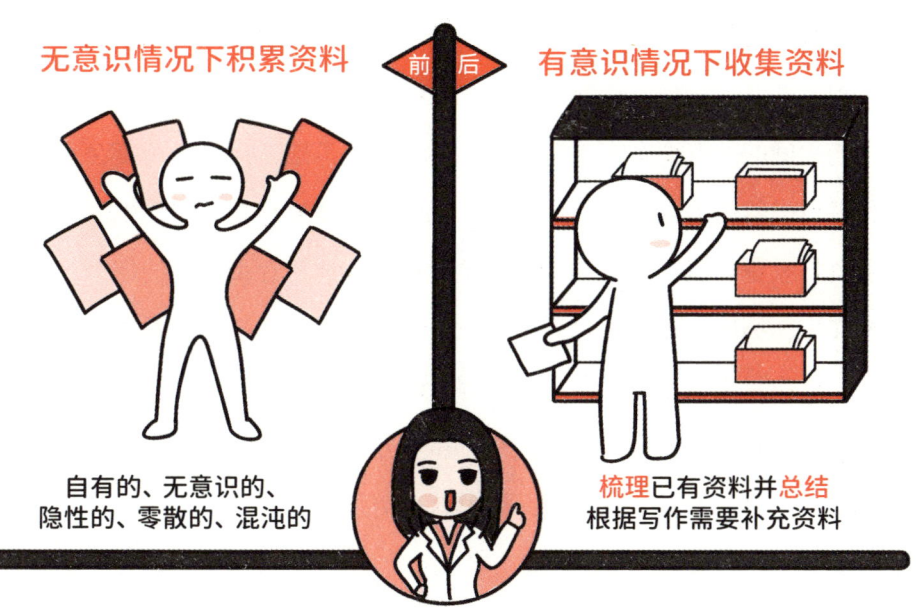

2. 两种分类

有关资料也可以分为两种：

（1）已有的资料，即存量资料。

（2）新找的资料，即增量资料。

不要只重视增量资料而忽略存量资料

大多数人之所以会选择深耕领域的主题，就是因为自己拥有了很多隐形的资料，这些都是宝藏。当聚焦一个主题后，人会第一时间调动自己这些资源，并在这些现有资料的基础上组织目录和结构。这时候的资料和目录结构之间的关系很紧密，占有资料的优劣、范围、深度、角度会直接影响作者目录结构的安排。所以，作者已经有大量的存量资料，相对于寻找增量资料来说，梳理、沉淀存量资料更重要。通过存量资料的梳理，很多隐性知识、细碎的知识都会浮现在意识的湖面，甚至知识体系也就浮现出来了。这也是知识工作者在写书过程中的意外收获。

所以，呼吁大家重视存量资料，重新定义收集资料，将收集资料的时间往前面推移，对写书这件事，大家就会更加沉着和笃定。

重新定义资料收集，将存量资料收集工作往前做

　　一般来说，对于我们深耕的领域，资料准备得还是比较充足的，但是它们是分散在各处的，那么就需要我们沉淀下来，仔细想一想，有哪些资料？这些资料分别放在哪里？哪些途径可以收集到需要的资料？作者可以列在一张纸上做个清单。

资料清单	
自己现有哪些资料？	
这些资料大致分为几个部分？	
分别都在哪些方面？	
哪些图书中有可能有这方面的资料？	
请教哪些人可以收集到这些资料？	
这些资料可以怎么运用？	

　　当图书的提纲目录确定到三级，所涉及的知识点基本上已经排布得比较成熟和全面。针对这些知识点，作者可以开始有的放矢地收集资料。在第一版收集资料清单的基础上，可以更详细地做第二版的收集资料清单。这一版清单可以跟第一版的清单不一样。针对不同层级的目录，把已有的、想好找哪本书的、想好找哪些专业前辈请教等内容都填充上。

　　考虑图书结构的完整性和体系性，很多知识点可能是作者并不熟悉或者没有涉猎过的内容，对于这部分资料该如何收集和整理？

一般来说，可以问自己以下问题：

① 这部分内容主要解决什么问题？

② 这部分内容与你的主题有什么关系？

③ 你写这部分内容的意义是什么？

④ 你为什么要写这部分内容？

⑤ 你的读者对这部分内容有什么期待？

⑥ 这部分内容对读者有什么样的价值？

⑦ 这部分怎样呈现，最符合读者的需求？

⑧ 这部分内容最有可能获得的途径是什么？

⑨ 如果按 1 ~ 10 分的标准来打分的话，这部分内容的分数是多少？

⑩ 关于这部分内容，你的目标是达到几分？

只有这样，当你重新定义"收集资料"，你才会发现自己拥有的资料其实远比想象的要多，即便是写一本书，也并不是那么难了。

巧用 ChatGPT 帮助自己收集资料

随着 AI 工具的日新月异，我们也要学会利用 AI 来搜索资料。但是 AI 与搜索软件最大的不同是，AI 是一个经过训练的大型语言互动系统。

我们无法用像百度搜索一样的方式去向 AI 提问。具体的提问方法请参照我即将出版的另一本书。

【爆款关键点】

　　很多新人作者在刚开始写书的时候，总是担心自己完成不了。本章通过重新定义收集资料，从两个阶段和两种分类来积累资料，这样不但拓宽了写作素材，也提高了写作者的信心。信心比黄金珍贵 100 倍，继续写下去吧。

有的放矢：
4 步高效搭建知识体系

【请你带着这些问题阅读】

1. 知识管理框架下的资料收集包括哪些内容？

2. 如何将有价值的知识吸纳到知识体系框架中？

3. 为什么要重视并有意识地显化隐性知识？

信息收集是知识管理的第一步，构建自己的知识体系，将收集来的信息内化为知识晶体，实现隐性知识显性化。

信息爆炸时代，各种各样的信息、知识扑面而来。如果一个人没有知识管理的概念和意识，没有尽早地建立起自己的知识体系框架，那就如同无根的浮萍，在知识的海洋里随波逐流。有的人说到一些内容时头头是道，说什么话题都可以参与进来，但是一深入专业的角度，就掉链子，这明显是专业学得不精，缺乏深度。有的人对于问题的认识，只限于问题本身，看不见问题的根本，缺乏知识的广度。有的人解决问题，不去总结和梳理，不停地在原地打转，看似很勤奋，但却没有进步，缺乏升维的能力，总是在满足自己对知识的焦虑，却成了知识的搬运工。例如，很多人的手机里收藏了大量的信息，囤了大量的课程，但是坚持上完并能够熟练掌握的人很少。

按照知识管理研究者成甲的观点，知识管理就是通过对外部信息进行加工，来提高我们改变认知或者行动的速度。能够输出的内容才真正是自己内化了的知识，是真正有效的知识。你要做松鼠型的学习者还是蜜蜂型的学习者，松鼠型的学习者是见一个学一个，就像捡松子一样，没有任何的结构，没有任何的逻辑，所以松子撒落得到处都是，等需要的时候去把它们收集起来就很困难；但是蜜蜂不一样，蜜蜂每次采了蜜之后，它会回到它的蜂巢，蜂巢是个菱形结构，每一格都清清楚楚，它把蜂蜜吐到一格一格的蜂巢里，最终形成了一个知识框架体系，这就是很直观的一个例子。我们平时要在这个知识体系框架下进行资料的收集和整理，坚持去做这件事情，这样就会养成收集、整理知识的良好习惯，轻松构建自己的知识体系。

射箭没有靶子，你还拉什么弓？

说到搭建知识体系框架，我有个非常深刻的感受。我最初给自己搭建过一个知识体系框架，当时针对自己感兴趣的方向，把它分为了心理学、写作、出版、个人品牌等领域，但是这个 1.0 的版本是按照学科标准划分的，在现实应用中我发现有很多问题并不是落在单一学科里，它会涉及很多学科，按照单一学科并不能合理地做归类和界定。从学科出发搭建知识体系框架，是典型的自下而上的方法，周期太长，实用性并不高，而且"把海水煮热而取一瓢饮"在时间成本上也不可行。

于是，在这个基础上我又调整了知识体系框架的搭建方法，在 2.0 版本中，我以现实中的问题为导向，从问题本身着手，自上而下，不断深挖这个问题背后的核心，最终找到解决方案。以现实问题作为知识体系框架的分类标准，在这个标准下进行搭建，它可能涉及很多学科，搭建的过程也比较长，但是一旦这个知识体系框架搭建之后，你就能很轻松地将其转化为自己的知识。同样地，这些搭建起来的完整的、丰富的知识体系，可以作为输出内容的地基。持续的输出也能帮助你将知识内化，真正掌握这些内容，这个知识体系框架就是一份宝藏。有了这些积累，你会发现写一本书是一件非常简单的事情，甚至可以说是水到渠成的事情。

搭建好知识体系框架后，我们就要根据现实问题，去有目标、有意识地学习、读书、听课。如果没有方向，就会看到这个也觉得好，看到那个也觉得好，很多人买了很多课、很多书，但都没有什么效果，就是因为不聚焦，不明白自己要什么，想解决什么问题。不停地买课、买书，只是短暂地缓解了焦虑。这个时候的我们就像是铁块，被各种磁铁啪啪啪地吸走了，不仅很累，而且收获甚少。当我们有了自己的知识体系框架之后，我们就变成了磁铁，专门吸收有价值的、需要的知识。久而久之，这个属于自己的知识体系框架会越来越清晰且庞大。

利用知识炼金术形成知识晶体，构建收纳体系

如何筛选对自己有价值的知识，吸纳到知识体系框架中，这是我们第二步要做的事情。在浩瀚的信息海洋中，有很多内容顶多可以称为信息，不能称为知识，那么我们就需要辨别，把真正有价值的内容提炼出来，这里就需要用到"知识炼金术"，这也是邱昭良博士在《知识炼金术》一书中介绍的工具。

在信息的铁矿石中，纷繁复杂的信息需要我们分类分级，按照知识的含金量可以分为：知识的狗头金，知识的纯金。我们需要练就一套知识的炼金术，把这些知识纯金从知识的狗头金中提炼出来，形成一级基本单位。

在提炼出知识纯金的基础上，我们再按照一定标准将它们进行组合。这个组合，也就是将经过整理的知识纯金形成一个二级基本单位，叫作知识晶体。最后把一个个的知识晶体放到知识体系框架当中，放在每个问题结构所在的位置。这样的话，知识就按照自己的思路被一一整理好了，

未来在写作、演讲等需要输出的时候，这部分内容就可以稍做修改直接用了，不用现找、现想、现整理。这样的输出有层次、有深度、有质量、有密度，远超过临时拼凑的材料。

对现实中遇到的案例、问题及时总结提炼

通过以上方法建立的知识体系框架是独一无二的，也是高质量、高密度的。但是在我们写作输出过程中，如果都是这种提炼后的密度知识，一般读者是很难跟得上作者的思路的。这就需要作者通过一些案例来分析阐释、解释支撑，进一步印证所阐述的知识点和观点。因此我们在平时的工作中，一定要养成及时记录、总结、反思的习惯，这样就可以把现实问题以案例的形式及时记录下来，并且附在知识晶体的下面。

实践是链接知识与思维方法最好的路径。如果能坚持反思和记录、做归类存档的话，输出的过程当中就有很多鲜活案例和智慧经验，让输出变得更加有说服力、更加形象、更加饱满、更加独特。

我不止一次地问我的专家作者："如果决定写一本书，从 1～10 分为准备的程度打分的话，您觉得需要到几分才可以开始？"大家的回答都集中在 4～6 分。

可见写书的话，作者对这个领域要非常有见地、有沉淀，达到专家的水平才能够驾驭一本书。如果作者早一点有意识地搭建起自己的知识体系，按主题去输入和输出，就会得到非常有价值的资料。

重视元知识和隐性知识

匈牙利物理化学家、社会学家迈克尔·波拉尼提出了隐性知识和显性知识的概念。隐性知识指的是我们心里知道但无法转换成语言的经验性、身体性知识，比如难以言表的想法、信念、视角、技巧等。而显性知识指的是把隐性知识用语言清晰地表达出来，或者建立体系后可以通过媒体传播、共享的知识。知识是显性知识和隐性知识的动态复合体。

在搭建知识体系的过程中，很多隐性知识是非常隐秘的，因此我们要足够重视它们。在我们决定写一个主题之前，并不是所有的内容都需要做增量。很多知识我们都是了解的，只不过在我们做知识体系之前，它们都散落在各个角落，储存在我们的潜意识中。这些隐性的知识，在我们搭建知识体系的过程中，要通过有意识地总结和梳理，将它们一一显性化，成为显性知识，为我们所用。

庄子说："吾生也有涯，而知也无涯，已有涯随无涯，殆已。"对于写书的作者来说更是如此，你不可能成为万事通。因此，尽早养成知识管理的意识和习惯，聚焦自己专注的领域和主题，做一只"蜜蜂"，有目的地收集资料，及时总结提炼，将隐性知识转化为显性知识，构建自己的知识体系和知识宝藏。

【爆款关键点】

能够写出爆款图书的关键点就是从学科视角转化到问题视角。但是在现实中，读者的问题永远不会落在一个学科里，它同时落在很多学科范围中，这就要求作者以读者为视角，以问题为导向，不断搭建自己的知识体系。这样的知识体系才是最有价值的。

13

拒绝低效：
作者必知的 4 种极简写作方法

【请你带着这些问题阅读】

1. 常见的极简写作方法有哪些种类？

2. 日常可以用哪些写作方法积累素材？

3. 素材如何排列组合形成有逻辑的文章？

当你成功搭建了自己的图书逻辑，利用黄金圈法则做好了正文布局，通过 MECE 法则划分了结构，甚至做好了资料的收集和准备，那么怎样更简单快速地开始写作呢？本章我们来讲述 4 种极简的写作方法。

语音写作法

　　说话和写作都是一种思维的表达，可以通过说来整理你的思维，思维整理清晰后，不论是说还是写，都会非常清楚。这里可以运用到的工具就是讯飞语记，这个软件我用得非常频繁。把材料先在脑子里过一遍，用讯飞语记把想法记下来，然后再把它分段，再看看有没有这个关键词？问题提得好不好？是否需要一个案例来说明它？我再去有的放矢地找案例。

在写作当中，写一篇文章也好，写一本书也好，甚至一篇长文案也好，都可以用语音写作法，但是要怎么去用，是有方法的。

那么，使用语音写作法有哪些要点？

1. 确定主题

在运用语音写作时，容易随心所欲地说，所以第一步一定要确定一个主题，有一个方向。如果没有方向，即使写了一堆文字，也会让人不知所云。我们常说文以载道，如果这个道没有的话，文章便失去了灵魂。当然，一篇文章的主题有且只有一个，不能不断变换主题，东扯葫芦西扯瓢，让读者失去焦点。

2. 生发论点

在运用语音写作时，要提前把主题之下的论点、知识点确定下来，写下来。然后围绕这些关键点，输出你的语音，同时转文字。在大的主题下，可以生发出很多分论点，作者可以根据这些细小的分支再去阐述。这样语音写作出来的内容就不会跑偏。

3. 不断输出

体验过语音写作的人也许有过这样的感受，第一遍语音写出来的文字杂乱无章，经常是想到哪儿说到哪儿。但是通过同一主题的反复语音输出，你就会发现自己越来越清晰，语写出来的内容质量也会越来越高。

4. 整理要点

当你得到一篇语音稿子的时候，你就可以把主题、论点、关键字等提炼出来，按照段落划分内文，整理文字。将啰唆、口水话的内容删除；把口语化的内容修改成书面语。这样就完成了写作文稿的一个胚子。

把语音写作当作我们强有力的工具，而非完全依赖于它，它就会发挥快速、高效的作用。

卡片写作法

我本人是一个深度的卡片写作的实践者，在卡片写作法的运用当中，受益匪浅。有一本书就叫《卡片笔记写作法》，介绍德国社会学家卢曼的写作方法。曾经，他也是像大家一样去记笔记、写评论、按主题整理，最后他发现这种笔记没有任何意义，于是他改变了写笔记的方式，把笔记放在卡片上，并且安排了一套精妙的编号系统，用卡片笔记实现知识的链接。卢曼一生积累了大约 99 万张卡片，把它们放在盒子里，他的这种写作方法也被叫作卡片盒写作法。他在 30 年时间里写了 58 本书，出版了大量的出版物。钱钟书、冰心这些作家也常用卡片写作法。

　　卡片写作法，不仅是一种方法，更是一种思维。卡片写作法是将一张张卡片视为创作的基本单位。卡片写作通常很简短，写作者可以借由每一张卡片进行延伸思考，然后不断链接知识要点，再将一张张卡片拼图，便可形成长文。卡片写作看似简单，却能极大地降低创作者的认知负担，使得写作者能够集中注意力聚焦当前卡片主题的创作，并且能根据具体场景对写作顺序进行快速调整，不断提升写作者的创作效率。

　　我现在攒了大量的卡片，这里面有关键词，也有名字，我会分门别类地收集，这些卡片全部用起来的时候它会有一个联动的效应。比如我要讲写一篇文章需要哪些内容，我直接抽卡片就好了，写一篇文章就很简单，可能需要三张卡片，写一本书，可能需要几十张卡片。这些卡片不断组合，就能组合出很多篇文章，很多本书，那这样创作效率是不是更高？所以卡片写作法也是我高频使用的一个方法。

互动式写作法

　　有些作者很善于讲，讲课、直播、做咨询，可以说是精彩绝伦，但是一到写，就会发怵。有时候半天时间只能写几段文字。像这类作者，就适合用互动式写作法。所谓的互动式写作法就是邀请访谈者与作者对谈，提出问题，让他回答。往往这一类作者，当有访谈者通过提问来挖掘他时，他就会被激发，就会不断地爆出灵感和金句。这些内容都是极佳的写作材料。访谈问答的过程要全程录音，之后再分门别类整理。这些精华内容甚至可以重复使用，可以做课程、可以写文章、可以写朋友圈等。

ChatGPT 写作法

ChatGPT 是由美国人工智能实验室 OpenAI 发布的对话式大型语言模型，它能够通过理解和学习人类的语言来进行对话，还能根据聊天的上下文进行互动。写作者可以运用 ChatGPT 作为工具，通过输入问题或主题及描述自己的需求，由 ChatGPT 自动生成相关的内容，或翻译材料、收集素材、提供创意等，帮助写作者快速生成高质量的文本内容。无论你是写电子邮件、社交媒体帖子，还是博客文章，在 ChatGPT 的帮助下，都能够在短时间内创作出引人入胜的内容。尤其是对于一些写作新人，如果总觉得自己的语言太朴素或者无从下笔，不妨从 ChatGPT 上寻找一点灵感。

那么如何运用 ChatGPT 提高写作效率呢？

1. 与 ChatGPT 进行有效交流，学会向 ChatGPT 提问

（1）给 ChatGPT 进行角色设定。

这一步很关键，如果不进行角色设定，它可能会给你找来一些看起来正确的废话，没有使用价值。

（2）告诉 ChatGPT 你的需求和应用场景。

（3）给出更加详细的具体信息。如：

作为一名区块链的专家："请你给我提供最新的区块链技术的信息。"

作为一名科幻小说作家："我需要你给我一篇科幻文的开头。"

作为一名科技方面的专家："请帮我润色一下这篇科技报道。下周一它将发表在最新的《科技周报》的头条上，我需要你把内容更新到最新的研究成果上来，并且分别说明它在各个行业上的应用前景。《科技周报》的读者大多是 30 ～ 45 岁的男性，要求举出具体翔实的案例加以说明。"

2. 对 ChatGPT 产生的内容进行调整和修改

（1）添加一些具体的细节和例子，使内容更加生动丰富。

（2）调整语言风格，保持写作风格的一致性。

（3）插入写作者自己的见解或观点，增强内容的个性化。

（4）做整体性检查，避免重复性的内容输出。

ChatGPT 虽然能够快速生成简单的短文或条分缕析的长文，但容易泛泛而谈，遣词造句不免存在冰冷的"机器味"。写书时，ChatGPT 只能作为辅助，打造优质的写作内容还是要依靠写作者自身的积累以及作者内心诚挚的情感流露。

英国著名的物理学家贝尔纳曾说过："良好的方法能使我们更好地发挥天赋的才能，而拙劣的方法则可能妨碍才能的发挥。"以上几种极简的写作方法可以帮助作者迅速开始写作，让自己的每一分输出都能助力图书的写作。当然，还是要结合自己的个人习惯，更好地掌握和运用适合自己的方法。

【爆款关键点】

这几种写作方法都是现实当中作者运用过比较好用的方法。在整休的框架和系统之下，专注于一个点，再运用不同的工具和方法，不断地去扩展和复制。在平时的积累过程当中，积少成多，集腋成裘。

14

专心写作：
高效输出的 9 大心法

【请你带着这些问题阅读】

1. 动笔前要做哪些准备工作？

2. 如何选择写作的时间、空间、环境？

3. 如何专注写作，进入心流状态？

在现实中，有很多作者向我讨教如何能够在一段时间内，专心高效地写完一本书，在这里我也结合自己闭关写书的经验，为大家提供专心写作的 9 大方法，让你的写作更加高效！

制订写作目标和计划

首先，正式明确自己的写作任务、方向、内容，越清晰越好，越具体越好，要符合 SMART 原则：S=Specific 具体的、M=Measurable 可衡量的、A=Attainable 可实现的、R=Relevant 相关的、T=Time-bound 有时间限制的。

有了清晰的写作目标，我们就能制订出匹配完成这个目标的计划。这点在着手写作时是最基本的，也是最重要的。

固定时间写作

固定时间写作就是帮助你培养长期写作的习惯。一旦这个习惯养成，到了那个时间点你就会忍不住去写，不写就会难受。因为潜意识会告诉自己，这就是我的写作时间，我是一个长期写作者，而非突击写作者。

给自己设一个 Deadline

给自己的写作设一个时间限制，虽然前面的 SMART 原则有涉及，但是有必要再强调一下。

帕金森定律早就点明了这个问题，因为人们总是会把工作拖到最后一刻完成。做任何事情都是这样，写书这一长周期的工作更不例外。一定要给自己设置一个截止时间，如果不设置的话；这个时间点将会无限延长，你的写作会成为永远完不成的任务。

而且你可能越到后面会越来越焦虑，这种精神内耗对人影响很大。所以还不如设一个时间点，然后根据任务设定一个执行计划。

有了这个保障，你每天都是非常踏实、笃定的，因为心里有数，每天一点一点地去完成任务，心中会有很大的成就感、掌控感和确定感。

养成早上或者上午写作的习惯

每个人的习惯不一样。一些人选择晚上写作，因为晚上思绪会异常活跃，利于写作，但不利于休息，会导致失眠，长期下来，身体吃不消，还会影响第二天的写作。

比较健康并且能长久坚持下来的时间段是在早上或者上午。这段时间你的思绪没有受到干扰，经过一整夜的休息，思绪是比较平稳、高质量的，比较容易进入心流状态。

但大家也知道上午的时间转瞬即逝，吃个早饭，接个电话，回个微信，刷刷朋友圈，就要吃午饭了。所以大家一定要抓住早上的黄金输出时间，可以安排 3 ～ 4 个小时来写作。

在这个时间段，一切其他的事情都不要去做了，把有可能干扰自己的电子产品扔得远远的。相信我，这几个小时没有非你不可的事情。久而久之，大家就知道这个时间是你的固定写作时间，就会选择其他的时间找你。大家都会配合你，去帮你养成固定时间写作输出的好习惯。

选择一个不受打扰的时空

这个时空包括时间与空间。因为写作是思考的过程，需要一个持续的、完整的、不受打扰的环境。只有你静下心来沉浸到写作中，才更有可能进入心流状态。

如果你在一个非常吵闹的、熟悉的环境里，比如孩子不停地哭闹，有人不停地跟你搭话，那你的思绪是七零八碎的，你就没有办法保证高质量地思考和输出了。

通常，你可以选择去咖啡馆，即使很吵闹，但是环境是陌生的，周遭的一切跟你无关，你可以专注在自己的事情上。

给自己一个诱惑少的环境

《高分专注力》的作者李嘉树老师在书中提道：人的注意力分为有意注意和无意注意，有意注意就是需要消耗意志力的注意。所以不论是大人还是小孩，在学习、需要专注时都要选择诱惑少的环境，不人为地增加消耗自己意志力的机会。

写作过程中，可能会被各种事情吸引，尤其是写不出来的时候，就会去摸摸这个、看看那个，一会儿喝点水，一会儿上厕所，一会儿吃东西，时间就这样消磨掉了。

所以我们需要给自己布置一个环境，这个环境中要尽量少有能转移你注意力的东西。在写作的时候，桌子上是干干净净的，周围也是整整齐齐的，手机也静音塞进包里，不要有多余的干扰因素。

经过调查发现，选择外出去咖啡厅写作的作者居多，选择一个比较安静的地方，待三四个小时，完成任务之后再回家。你也试试吧。

制心一处，唯精唯一

在写作的过程中，我们需要保持思绪不受干扰。写作应该是一个闭关的过程，要降低与外面的联系频率。在这个过程中，如果被打扰，不仅进度会受到影响，思绪也会完全被打散，需要再花时间把自己拉回到原来的思路和频率上，不能够继续。

在闭关写作前，也可以通过各种途径告知朋友自己在闭关，减少约饭或者见面的次数，请求家人在这个阶段也给予支持，尽量多做家务、多带娃，让自己能更加专注地写作。

适当调节，保持高能量状态

在写作的过程中，你可能会感觉累，或者有状态不好的时候。这时要及时觉察到，停下来。

前面说了，不要去做跟写作没有太大关系的社交，因为思维会被拉远，情绪也会受影响，还要耗费时间和精力再去集中注意力。

但是我们可以自娱自乐调节一下。比如到餐厅点几个自己爱吃的菜，吃完后满血复活，回去再接着写。或者，去家附近的花市，花一个多小时买花、插花，插完花后，感受到心灵被滋养，能量又上来了，又可以扑到书稿上了。

除此之外，要注意调节放松的时候，不要选择刷手机，刷手机不会让你休息，只会让你更累。而且大多数人一刷手机就停不下来，不仅不会给你的能量加分，反而会打乱思绪、消耗精力，还会让自己陷入自责之中。

总之调整好自己的思绪，选择自娱自乐、收放自如的活动比较好。

给自己一定的冗余度

在写书的过程中，要给自己一定的冗余度，不要把计划卡得死死的，给自己试错和调整的时间。因为现实生活中，会出现各种突发情况，有时心情不好，身体不舒服，都是常态。所以一般在一周的时间周期中，给自己留一两天的冗余度。原则是：这个冗余度，不用最好，用了也不会自责、难过而影响心情，进而影响写书进度。

给自己设定了冗余度，一切突发情况都在预判范围内，才能遇事不慌，有事就稳稳接住，该调整调整，该休息休息，不会影响到后面的进度。

竹子定律是讲，一根竹子前 4 年时间竹芽仅仅长 3 厘米，还是在地下，但是到了第五年却以每天 30 厘米的速度疯狂生长，7 周就能长约 15 米。要知道其实在前面的 4 年，竹子的根已经在土壤里延伸了数百平方米，这就叫扎根。写作也是如此，写作一定是要积累基本功的，成绩不是一蹴而就的。万物负阴而抱阳，看得见的成果背后是别人在看不见的地方坐得住板凳，静下心来，努力扎根，这才是一飞冲天的底层逻辑。

【爆款关键点】

运用以上 9 大心法，就可以使自己快速地进入写作状态，把全部身心自然而然地调动起来，有意识地投入写作过程中。当你进入写作状态时，注意力会高度集中，全身心专注于写作，写作效率也会进一步提高。

扫描二维码，关注公众号，输入"写作技巧"，获取神秘锦囊。

15

守好红线：
写书中如何掌握好知识产权问题

【请你带着这些问题阅读】

1. 什么是写作中的知识产权？

2. 为什么要掌握知识产权知识？

3. 怎样界定并避免侵害他人著作权？

编辑应该都知道，出版社经常会收到律师函，指控各种知识产权侵权事件，包括字体、内容文字、图片等的版权问题。为了杜绝这样的事情发生，作者在写作前一定要注意知识产权的问题，避免侵害他人著作权，同时也保护自己。

为什么要在写作中掌握知识产权知识？

1. 明白知识产权法律保护的对象，不侵犯别人权益

知识产权涉及三部法律：《著作权法》《商标法》《专利法》，其中我们最应该注意的是《著作权法》。《著作权法》所称作品，是指文学、艺术和科学领域内具有独创性并能以某种有形形式复制的智力成果，一共包括九种。我们平常写作以"文字"和"图片"为主，都在著作权保护的对象范围内。著作权自作品创作完成之日起产生。

《著作权法》的立法目的是鼓励作品的创作和传播，促进社会主义文化和科学事业的发展与繁荣。《著作权法》赋予作者相应的人身和财产权益，以保证作者获得精神和物质双重回馈，进而鼓励创新和创作。如果发生了著作权侵权行为，根据具体情况，侵权人要承担停止侵害、消除影响、赔礼道歉、赔偿损失等民事责任。

2. 明确什么内容可以合理使用，不再缩手缩脚

《著作权法》在保护作者相应的人身权利和财产权利的同时，又要确保作者权益和公共利益之间的利益平衡，因为著作权人权利过大，会挤压社会公共利益空间，不利于作品的传播和利用，不利于知识的传播和共享。

❶ 3 种不适用于《著作权法》保护的情形

• 法律、法规，国家机关的决议、决定、命令和其他具有立法、行政、司法性质的文件，及其官方正式译文；

• 时事新闻，即单纯的事实消息；

• 历法、通用数表、通用表格和公式。

❷ 13 种可以合理使用的情况

法律规定在 13 种情况下使用作品，可以不经著作权人许可，不向其支付报酬，但应当指明作者姓名或者名称、作品名称，并且不得影响该作品的正常使用，也不得损害著作权人的合法权益。其中跟我们创作者密切相关的有：

• 为个人学习、研究或者欣赏，使用他人已经发表的作品；

• 为介绍、评论某一作品或者说明某一问题，在作品中适当引用他人已经发表的作品；

• 对设置或者陈列在公共场所的艺术作品进行临摹、绘画、摄影、录像。

❸ 著作权保护表达，不保护思想

根据"思想与表达两分法"，著作权法所保护的是作品中作者具有独创性的表达，即思想的表现形式，不包括作品中所反映的思想本身。这里的思想，包括对物质存在、客观事实、人类情感、思维方法的认识，是被描述、被表现的对象，属于主观范畴。作者借助物质媒介，将构思诉诸形式表现出来，将意象转化为形象、将抽象转化为具体、将主观转化为客观、将无形转化为有形为他人感知的过程即为创作，创作形成的有独创性的表达属于受著作权法保护的作品。

文章结构，是作者对作品宏观的谋篇布局，其通常不考虑细节问题，故具有高度概括性，应属作品的"思想"范畴，因此不受著作权保护。

基于著作权法鼓励创作和平衡社会利益的权能，无论是历史史实还是引用的历史文献，均不能为任何人所垄断。然而，对于历史史实，当对某一历史史实进行叙述，形成具有个性化的独创性表达之时，就受到著作权法的保护。

❹ 同人作品的认定

"同人作品"是日本的舶来词，是指使用既有作品中相同或近似的角色创作新的作品，若"同人作品"创作仅为满足个人创作愿望或原作读者的需求，不以营利为目的，新作具备新的信息、新的审美和新的洞见，能与原作形成良性互动，亦可作为思想的传播而丰富文化市场。具体在情节上不构成实质性相似，不会对原告作品中人物形象产生意识上的混乱的话，一般不认定为侵犯原著作者的著作权。

但是在利用读者对原著作品中人物的喜爱提升自身作品的关注度后，以营利为目的多次出版且发行量巨大，这就超出了必要的限度，属于以不正当的手段攫取原作者可以合理预期获得的商业利益。因此，这种行为具有不正当性，与文化产业公认的商业道德相背离，为《反不正当竞争法》所禁止。

3. 通过出版打造个人 IP，千万不要侵权，否则适得其反

对于知识 IP 来说，出版图书是打造 IP 的重要路径。但同时，对于一个知识 IP 来说，声誉等同于生命。图书出版因为其自身属性，决定了图书在出版之后就进入了公有领域，因此在打造个人 IP 的过程中，一定要遵守公有领域的规则，其中知识产权就是重要的一部分。越来越多因抄袭别人作品，发布正式声明向原作者道歉的案例，这种案例的出现释放了一个信号，说明我国的知识产权法律环境越来越好，侵犯知识产权的案件终将受到法律的惩罚，也被公众所摒弃。所以对于刚刚起步的创作者，一定要有知识产权的意识，在文字表达方面一定不要侵犯别人的知识产权，这样才能行得正，走得远。

我国已将科技创新作为战略纳入"十四五"规划中，这意味着，不论是在法律上，还是在战略中，国家对创新创作的保护力度会越来越大。我们每一个人都要有保护知识产权的意识，使用别人的知识产权一定要合理合法，这样才能收获正向的影响力。

4. 强化权利意识，保护自己的知识产权

只有知识产权受到保护的时候，创作者的利益才能够得到保护，这样的创作环境才会鼓励更多的人去创作。在不侵犯别人知识产权的同时，每个创作者都要有意识地去保护自己的知识产权权益。现实中，作者的作品被侵权的情况时而有之，有的原作者会因为知识产权纠纷案件的过程长、成本高、举证难而选择私了。如今法律制度越来越健全，大家都要有保护

知识产权的意识，一旦受到侵犯，要积极维护自己的权益，这样才能营造出风清气正、尊重原创的环境，知识 IP 才能有未来。

写作中的常见知识产权——著作权问题

1. 常见的文字作品的抄袭和剽窃认定标准

根据著作权保护的特点，著作权侵权行为的认定可分为以下几步：

❶ 对原告作品的分析

按照我国法律的规定，著作权的产生采取自动保护原则，即作品一经创作完成，著作权即告产生。因此，与专利、商标等其他类型的知识产权侵权认定不同，著作权侵权认定还涉及权利的有效性问题。一部拥有有效著作权的作品必须同时具备下述条件：

- 属于著作权法保护的作品范围；
- 具备独创性；
- 能以某种有形形式复制。

只要有任何一个条件不具备，原告作品就不受著作权法保护。如果原告作品同时符合上述条件，则该作品受著作权法保护。

❷ 对被控侵权作品及被告使用方式的分析

对被控侵权作品的分析，可适用以下两个标准：

- "接触"，即接触前一作品的机会；
- "实质相似"，即应与受著作权保护部分实质相似。

其中，后者是认定的重点。在认定原、被告的作品是否"实质相似"时，应将原告作品中受著作权保护的部分与被告作品的相应部分进行比对，判定两者是否实质相似。

2. 图片侵权问题、logo 使用及案例隐名原则

在作品创作过程中，除了文字的表达之外，作者经常会用到图片。但图片的知识产权问题也同样值得大家重视，因为有的作者是直接在网上下载的图片。要知道图片也是受著作权保护的，不能随便用。不论是图书正文中的图片，还是封面中的图片，现实中经常出现因侵权而被起诉的情况。因此在图书出版的过程中，编辑可能会把那些来源不明、没有授权的图片直接删掉。那么，这是不是意味着作者在写作过程中就不能使用图片了呢？其实有以下解决方案：

（1）作者在写完图书之后，可以直接找插画师配插图，全书图片风格统一、形象统一。未来在图书宣传的时候，这些图片可以作为知识卡片和海报的素材，做二次传播。有的作者还专门在插图中设计了自己的卡通形象，这样可以更好地将图书出版和个人 IP 的打造结合在一起。因为作者直接和插画师签订插画合同，所以不存在侵权的问题。但要注意的是，如果插画师参照知名图片，即辨识度很高的知名图片进行绘制时，可能会侵犯知名图片的改编权。

（2）有些图片只能在网上下载的话，可以去专门的图片网站，付费购买该图片的使用版权。一般常用的网站有：稿定设计、站酷网、海洛

创意等。

（3）写作中可能需要用到一些企业的 logo 图片，尤其是对于经管类图书的作者来说，经常会用到这些图片。如果这个 logo 图片是从网上下载的，那有可能会侵犯原图片摄影者的著作权，有一定的风险，不能随便用。那有作者说自己去拍一张呢？这样就不侵犯摄影者的著作权了，但是拍摄企业的 logo 是否侵犯企业的商标权呢？这里主要是看它是否落入商标申请的适用领域，如果落入这个领域的话，才会构成侵权。不落入的话，就不会构成。拍摄 logo 图片加入书稿，一般不会构成对企业商标权的侵犯。但是这里存在一个隐患，就是写企业案例时，会用到企业的名称和 logo，如果不做隐名处理的话，就有侵犯该企业名誉权的风险。所以如果说写有关企业负面的内容一定要做隐名处理，这里的风险特别大。如果写企业正面的内容，一般来说，帮助正面宣传，大的公司是不会计较这些的，但值得一提的是，它仍然存在这样的风险。如果可以获得企业的授权，那就彻底解决这个问题了。

如何在写作中避免知识产权纠纷？

1. 意识问题

知识创作者一定要重视著作权保护法，在所有的被认定的著作权侵权案件中，侵权人肯定是有主观故意的，只不过他们往往抱着违法成本低，或者不一定被人发现的侥幸心理希望蒙混过关。但是一旦被认定为侵权，对作者的写作生涯将产生非常大的不利影响。所以一定要在主观上杜绝这种心理。

2. 如何规范合理引用?

对于"合理引用"的界定，法律中并没有明确的定义。这里我们参考《写作即思考》一书中的内容和学术论文中的标准。

❶ 《写作即思考》

常规做法是最多只能复制不超过他人著述的 5% 的内容，或者：

- 一本书的一章；

- 每一期学术期刊中的一篇文章；

- 一本薄书的 20%(最多 20 页)；

- 一本选集中的一首诗歌或一篇短篇小说 (最多 10 页)；

- 尺寸不超过一页 A4 纸的一张单独的插图或地图 (注意：作为文章和章节一部分的插图可能包含在上述授权中)；

- 音乐作品的简短片段——不是整个作品或乐章 (注意：未经授权不得复制任何形式的公开演出)。

❷ 查重率要求

大家知道学术论文都有查重，对于学术论文检测，普通的职称论文的查重率一般是要求低于 30%，严格一点要求低于 25%，甚至 20%；本科毕业论文查重率要求 20% ～ 30%（由学校决定）；研究生以及博士生的查重率最低则是 15%，有些要求严格的话则为 5%。

这里要强调的是，图书的要求比上面两个标准都要更加严格，而且查重系统如万方检测、维普检测以及知网检测只能查到收录论文的重复率，对于很多图书或者版权课程内容的引用，是无法检测到的。所以图书作者在这方面需要更加严格要求自己。

❸ 如何恰当地参考他人的成果：注释和参考文献

在写作中，作者必不可少地要引用其他作品来阐述自己的观点，《著作权法》规定的合理使用中的第二项也明确规定：为介绍、评论某一作品或者说明某一问题，在作品中适当引用他人已经发表的作品。如何恰当地参考他人的作品，这里就需要规范引用注释和参考文献。

• 转述：在写作中，为了支撑自己的观点而引用他人作品的观点，作者通过转述的方式将其表达出来。但是需要在文中或者脚注中标出出处和原作者信息。

• 引文：作者在正文中引用其他作品中的文字，引文要求忠于原作品，不做转述和修改，原字原话引用，加双引号。

• 参考文献：为撰写或编辑论文和著作而引用的有关文献信息资源。参考文献是在研究过程中，作者对某一著作或论文进行了整体的参考或借鉴，但最终表达出来的意思取决于作者。

无论哪一种形式，只要是出自别人的作品，都需要标注引用，并以正确的格式列在参考文献里。

树立良好的知识产权意识，合理规范使用现有的图书著述，避免知识产权纠纷，才能写出令读者喜闻乐见的"新知识、新理论、新观点"，打造自己的个人品牌。同时，作者也要学会保护自己的知识产权，维护自身的合法权益。

【爆款关键点】

爆款书意味着会被更多的人看到，有更多的平台曝光。所以爆款书的写作前提，一定不要侵犯他人的知识产权。声誉对于一个知识 IP 来讲，就等同于生命。所以知识 IP 作者在打造爆款书的过程当中，一定要守住自己的生命线。

16

以终为始：
如何用目标管理来倒逼正文写作

【请你带着这些问题阅读】

1. 使用目标管理来完成写作有哪些步骤？

2. 使用目标管理写作最基础的步骤是什么？

3. 确定目标后怎样利用目标管理完成写作？

如果把图书比作一座建筑物，目标就是这座建筑物的图纸和说明书，它能够清晰地告诉我们，下一步要做些什么。

弗洛伦丝·查德威克给自己定下过一个目标：游过卡塔利娜海峡。当她第一次挑战时，海面上起了浓雾，除了浓雾什么也看不到，即使她的母亲和教练一直在旁边和她说海岸很近了，坚持住不要放弃，她还是选择了放弃。当记者采访时，她说："令我半途而废的不是疲劳，而是我看不到对岸，如果当时我能看见陆地，也许我能坚持下来。"两个月后一个天气晴朗的日子，她成功游过了那个海峡。由此可见明确目标的重要性，只有能看见目标，才有完成它的动力。

　　写书也是这样，出版一本书，可能是很多人的梦想，但梦想终归是梦想，能真正实现的人并不多。如何将梦想变为现实呢？九层之台起于累土，千里之行始于足下。尤其是新人作者，更需要利用目标管理来帮助自己搭一个通往成功的梯子，一步一步地走上去。这里我们介绍一下如何用目标管理完成书稿，主要分为五个步骤，分别为：制定目标—写下目标—相信目标—分解目标—分享目标。

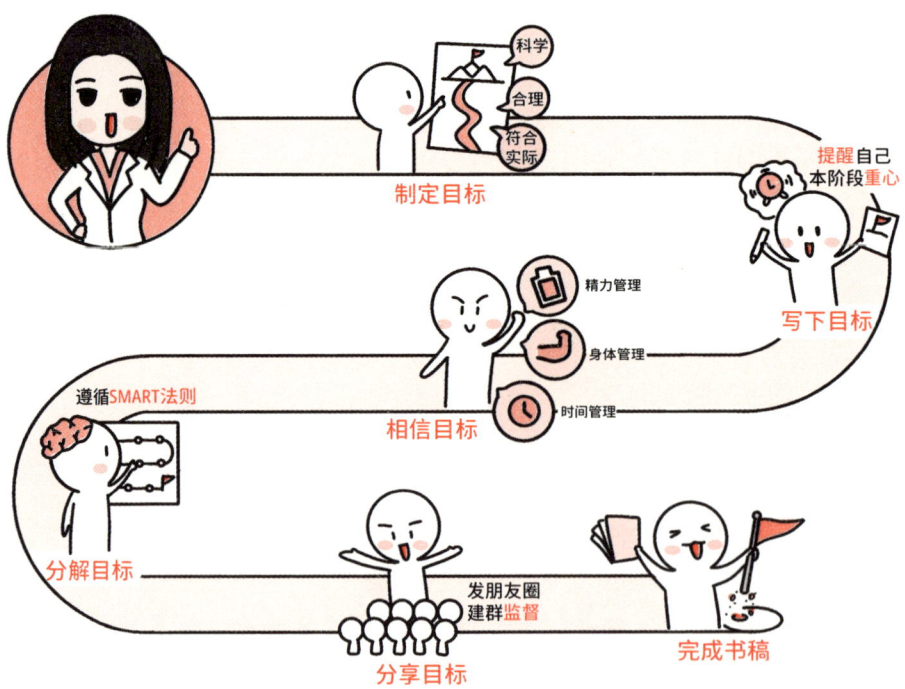

制定目标

从目标管理的角度，怎样落实和完成书稿呢？首先要制定一个目标，提醒自己进入写书状态。

制定目标的原则是：科学、合理、符合自己实际情况。有的初写作者给自己定计划，要一个月完成一本书稿。如果不是前期准备得特别充分的话，这往往是完成不了的。毕竟一本书的写作需要构思、收集资料、书写、调整修改润色。所以制定目标一定要符合客观规律。一般来说，正常写作周期是半年到一年，时间太短也不充分，时间太长往往容易不了了之。另外，制定目标要符合自己的实际情况，如果自己平时事情比较多，那周期稍微拉长一点；如果空闲一点，可投入时间多，那周期就短一点。帕金森原理告诉我们，如果不给一件事情限定时间的话，那完成这件事情所花费的时间就会无限制地膨胀下去，完成任务一定要有一个期限，这样才能够让自己的想法变为行动，一步一步落地。

在实际情况中，往往会发生一些不可预见的变化。因此在制定目标的时候，也要考虑到，如果真的发生了特殊情况，也不必固守原来的计划，可以灵活一点，及时地调整自己的目标和相应的计划，提前做好心理预案，可以更好地适应和调整自己。

写下目标

写下目标是非常重要但又容易被大家忽略的一步。写下目标就是自己做出承诺：在这一段时间内，我的重心就是写书，所以要保持注意力的高度专注。像有些作者就把目标打印出来贴在书房的墙上或者桌子上，有些作者将目标放到电脑或者手机的屏幕上，时刻提醒自己。

在动笔写作之前需要构思，英文单词 conceive，也有怀孕的意思。这个词很形象地说明了写作并不是打开电脑敲键盘的那一刻，在这个过程之前作者可能时时刻刻都在酝酿和思考着书稿的内容。所以，写下自己的写书目标，也就是定下这段时间的重心，让自己全身心去做这件事情，这样有利于自己迅速找到感觉，进入心流状态。

当写下目标的那一刻，写书就不再是一个口号，意味着你已经要开始实施了。后面我们会提到分解目标，写下这个目标之后，在这个大目标下会有一些非常重要的节点目标，也可以把它写下来，时刻提醒自己，找到状态。

相信目标

我接触过很多作者，发现大多数人很快就写了选题意向表，定了目录，甚至都签了合同，但是书稿进展却非常缓慢。在交谈的过程中我发现，他们的潜意识不太相信自己可以写一本书。所以在这里我想特别强调作者一定要相信目标。

用美好的远景去吸引自己，想象一下，这本书出版了，你拿到这本书是什么感觉？闻到淡淡的墨香又是什么感觉？翻开它、摩挲它又是什么感觉？曾经有作者告诉我说："虽然这本书稿我不知道看了多少遍、改了多少遍，但是看电脑文档里的书稿，跟出版出来成为一本书在我手上打开翻阅的时候，那感觉和状态是完全不一样的！"你也可以想象一下，在自己的新书发布会上，很多陌生的读者热情地来找你签名，当你把自己多年的智慧经验分享给大家，让更多的人受益，那是一件非常有价值的事情。

写书往往要经过几个月的周期，在这个过程当中，人的状态难免会有一些波动，所以写作中必须要做好精力管理。有些作者在写作中甚至会出现颈椎不适、情绪波动等情况，一定要从一开始就管理好自己的身体、情绪和时间。

分解目标

在这里要说到 SMART 原则。大家都知道，目标可以按照 SMART 原则来分解，目标分解越具体越好。其实，再庞大的一个项目，只要不断分解，都是可以一步步完成的。

可衡量，这里指的是，可以用数量去衡量，有一定的数量的限制，比如每天要写 1000 ~ 2000 字，一定要有可见的成果。

可持续，是每天写 1000 字或 500 字，这个目标可以一直做下去。值得一提的是要给自己一定的冗余度，不要因为一两天完不成任务就自暴自弃，给自己负面评价。比如说，一周 7 天不要安排 7 节内容，可以安排 5 节 +，如果这周确实事情多，完成了 5 节也是可以的。

相关性，就是为这件事情做一些相关的链接，比如写书这件事情可以跟课程、公众号内容及其他相关的内容链接，可以做到"一鸭多吃"的状态。

在具体实践当中，可以用 OKR 的方法，为目标找到一些关键节点，甚至可以把它画成一个进度表格，完成一个就涂掉一个，一直坚持到最后。

分享目标

很多人默默立一个目标，但最后没有完成也没有任何的压力。在这里鼓励大家分享自己的目标，比如晒出自己与出版社签订的出版合同，自己的书稿完成进度表，可以发在朋友圈里。我有的作者还在朋友圈发了个二维码，成立了一个群，让亲朋好友都进入这个群，云监工自己，如果每天完成不了任务就发 100 块钱红包。这样是给自己一些外在的压力，不至于说自己默默立了一个目标，又默默地完成不了，没有任何的压力。目标公开化，不给自己回头路。

还有一个方法就是加入一个写作圈、写作小组、写书小组，大家相互监督，相互鼓励，相互带动，群体的力量比个人的力量要强很多，而且有一些挫折、困惑大家是共通的，一说出来可能就好了，所以一定要找到这样的一个群体。

　　完成小目标，才能实现大目标。制定好自己的目标后，一定要写下来，抱着必定成功的信念，不断分解它、分享它、完成它。完成目标的路上困难重重，你可能会妥协、抱怨、自责，甚至放弃，但一定要拥有完成的信念，克服重重困难，最终你将会取得胜利。

【爆款关键点】

　　读书写作的过程就是一个项目完成的过程，所以我们必须制定目标，要有严格的计划，也要设置截止日期，以此保证书稿优质、高效地完成。

Chapter

05

———————

爆款图书破圈引流、
变现的 2 大方法

流量是稀缺品：
如何利用图书破圈和引流

【请你带着这些问题阅读】

1. 如何利用图书有效地破圈和引流？

2. 图书中可以引流的位置有哪些？

3. 在图书中互动需要注意哪些问题？

破圈不是你闯进别人的圈子，而是打造个人品牌，吸引别人来到你的私域，走进你的圈子。

在我接触的一些作者当中，他们对图书出版带来的版税期望值很高，但现实是如果图书背后没有其他高价产品承接的话，光凭图书版税，除非是限量级图书，否则很难有可观的收入。

既然写书不挣钱，那出书有什么优势呢？为什么还有那么多人想出书呢？因为有些人看懂了图书的本质，即图书是引流的工具。在整个商业模式中，图书出版只是闭环中的一环，图书的传播力和背书力量强大，可以源源不断拓展作者原来的影响圈，并通过破圈将流量从公域引到私域流量池中。后续作者再在这个私域流量池中做进一步的筛选和转化，就能不断实现商业价值。

如何利用图书来破圈？

什么是破圈？就是打破作者原来所在的影响圈，让更多的人了解、熟悉他，使其拥有更高的知名度，拥有更多的关注和流量。图书就是一个典型的帮助作者不断破圈的工具。如何利用图书来破圈？这要回到我们为什么要写书这个问题上。写书仅仅是做一个知识的沉淀吗？如果想让自己身价百倍的话，那么图书是一条捷径，尽管写书的过程不是那么简单，但仍旧是打造个人品牌的一条最近的路。

曾经有一个专业做收藏的作者，他想写一本书，主题是分享品鉴收藏品、古董的专业知识。在开卷报告查询发现这类图书销量非常少，所以站在策划编辑的角度来看，这个选题价值并不大，效果也不一定好。因此我告诉他，如果写这样一本专业收藏书的话，肯定需要资助或者回购，而且这本书出版之后，也只会在你原来的圈子里传播。当时作者还挺执着，一定要写这本专业书。这个时候，他去找张小桃老师做了一次个人品牌的咨询。这次咨询后他就变了，说要写一本关于传承的经典图书，而不是收藏的专业书了。我觉得很惊讶，就问张小桃老师为什么这个作者会有这么大的变化呢？张小桃老师说自己只问了他一个问题，你要不要破圈？作者就明白了，如果写一本太小众、太专业的书，它的影响面就太有限了。所以一定要往上走，寻找更多受众，更多的共同点，比如讲传承。

还有个案例，就是邓彬彬老师出了一本有关 AEO 的书，这其实是一本讲出口贸易的专业图书。这本书本身也很小众，但是这本书却成功地破了圈。邓老师以前是做出口贸易 AEO 咨询和培训的，在这本书中，邓老师毫无保留地把他们团队这么多年来的精华贡献了出来。基于贸易企业这一部分的客户群体，这本书在开始时得到了非常好的传播。由于这本书的专业性，它还引起了监管部门海关的关注。邓老师便被邀请去海关部门做分享，海关部门也做了很多的团购。不仅如此，邓老师这本书还被大学贸易专业的老师看重，选作贸易实务的教材。一本专业书，硬是卖出了畅销书的量。由此带来的机会和曝光度，大家可想而知。邓老师通过这一本书成功破了圈，在客户圈、监管圈、高校学术圈都确立了专业地位。

当然很多作者的破圈是无意识的，但是通过这么多的案例来看，大家还是要有破圈意识，要积极地去谋求破圈，可能会给自己带来意想不到的惊喜。所以破圈的关键在于：

（1）判断你现在的圈子是什么？有没有宣传到位？

（2）你想触达哪个圈子？这个圈子的人有什么样的需求和痛点？

（3）你想触达的新圈子，你认不认识关键推荐人？

当你明白自己破圈的目标、新圈子的需求和痛点，并且有关键人物愿意帮你引荐和宣传的时候，你就可以轻松实现破圈了。但是大量的曝光和保持热度是非常必要的，它会给你从四面八方带来很多的关注和流量。也许很多自己本来想不到的圈子的人，会主动接触和邀请你。

我有一位合作多年的作者 L 律师。当年我刚刚毕业，他也是研究生毕业，刚开始帮我们做一些资料整理的工作，接着他开始尝试着写案例类的图书。到现在他已经成功出版了十多本法律实务图书，涉及婚姻法、劳动法、公司法等实务类型，他的业务也随着一本本专业图书的出版而打开，目前已经是一家律所的主任了。他说，这些图书就是他的金名片，帮助他打开了新的业务大门。

有一位 HR 作者曾向我表示感谢，说他由于这本新书的加持，已经被一家世界 500 强企业看上，去面试的时候，聊天时发现几位面试官居然都买了他的书，还让他签名。这家企业的大老板也看了他的书，觉得专业性非常强，强烈邀请他加入，他也拿到了年薪百万的录用通知。原本这是一本写给年轻 HR 看的书，没想到最后被世界 500 强企业的老板看到，并让作者得到了薪酬翻番的机会，这也是成功破圈的案例。

图书引流的几个位置

图书是一种收集器，能够把公域流量通过图书这个漏斗变成私域流量。这样一来方便与读者互动，二来可以引流到自己的公众号或者微信号上。

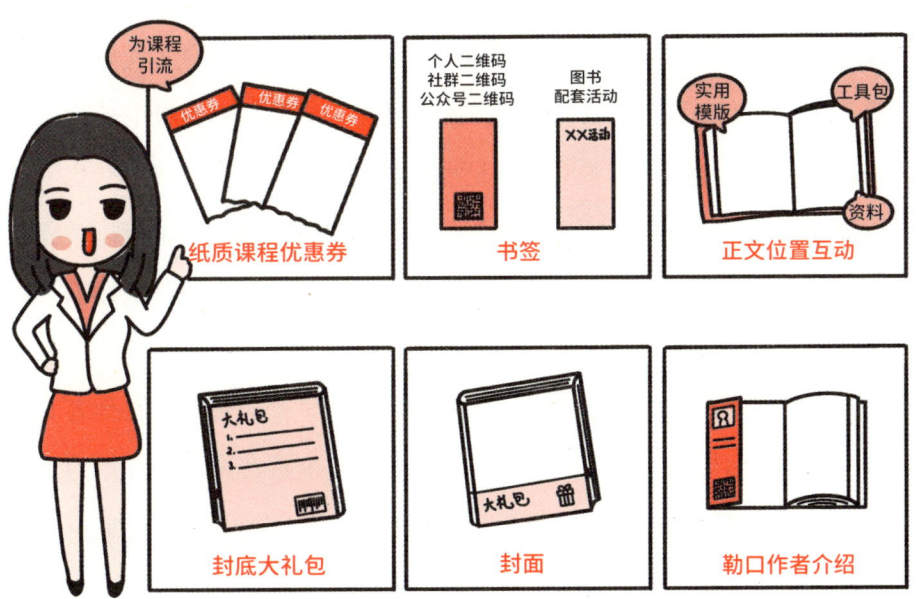

1. 纸质课程优惠券

通过发放纸质的课程优惠券，引导读者在看完书后去报相关配套或者高阶的课程，进一步为课程引流。

2. 书签

很多图书会配套做一张书签，这张书签上可以放很多内容，可以印上作者的个人微信二维码、公众号二维码、社群二维码，与图书配套的活动介绍也可以在书签中呈现。

3. 正文互动位置

在写作过程中，有些内容篇幅过多，不适合全部放在正文中；还有一些实用的模板、资料、工具包，读者希望能够下载下来直接使用；还有一些像法律规定，可能会有变动的内容等。这些情况就适合在正文中告知读者：关注作者公众号，回复关键词，即可获得相应的资料模板电子版。

如果遇到与主题内容关联性不是那么强的知识延展类的内容，也可以把这部分内容放到公众号中，并且告知读者如果感兴趣的话，可以关注封面前勒口上的作者公众号，回复关键词，即可收到这部分的延展知识，作为一个增值服务。

有些图书的正文中，还设置了专业的测评测试，也可以放在作者的微信公众号中，引导大家去关注公众号，去做这个测评测试。要注意的是，这种测评最好不要随便外挂网页，原因有三：第一，外网不稳定、不可控，万一外网出了问题，打不开，读者会觉得自己受了损失，甚至会直接去网店给图书打差评；第二，这是很好的导流机会，自然不能随便给别人导流；第三，挂一个第三方网页，出版社很有可能不同意，因为又增加了不可控因素。

图书的正文中，还可以设置一些读者与作者互动的栏目，以此引导读者关注作者的微信公众号，读者也可以得到更多的资料，如课程视频、音频的试看、试听资料。不仅丰富了内容展示的载体，而且也很自然地把公域流量导流到作者的私域流量池中去。

4. 封底大礼包

很多图书还在封底设置一个超值大礼包，把图书中所提到的表单、模板、流程图、PPT 等资料打包送给读者，方便读者下载使用。这也是一个导流途径。

5. 封面

很多图书会在封面的醒目位置，提示读者本书有多重超值课程或者大礼包赠送，增加读者在购买图书时的砝码，吸引力更大。

6. 勒口作者简介

一般来说，作者的文字介绍、照片以及个人微信号、微信公众号和视频号的二维码等信息会放置在图书的前勒口位置。当读者一打开图书的时候，就可以很清晰明了地看到这部分内容。一般来说，作者都会把公众号和个人的二维码放在这里，方便读者链接和关注。现实中，有很多读者买了这本书，觉得内容非常好，还希望持续关注这个作者的最新内容和动态，他就会扫描作者个人二维码。我的很多作者利用这个位置成功引流，还有一次，商务部外贸发展局的人通过二维码找到我的作者，邀请他去商务部做培训。

图书是破圈的利剑，可以帮助作者迅速提升影响力，突破圈层的壁垒。作者也要借助图书，尽最大可能地挖掘并关联读者，通过与读者互动并提供优惠、大礼包等形式引起读者的兴趣和关注，吸引他们进入自己的私域，这样才能给自己带来更多的可能。

【爆款关键点】

图书是作者的验货贴，也是一种高级的说明书。在向客户介绍自己的时候，如果有图书做背书，可以很好地解决客户对你的信任问题。但是很多传统的作者并不懂得利用图书与读者建立更深的交流和联系，如何留下作者与读者沟通的窗口，这是图书营销的关键点。

点石成金：
如何留存和转化图书流量

【请你带着这些问题阅读】

1. 如何留存图书流量？

2. 如何转化图书流量？

3. 转化图书流量的方式有哪些？

　　图书一旦破圈，就会有很多圈子以外的人接触和感兴趣，这就给作者带来源源不断的新流量。那么这些新的流量用什么载体接住，以及如何高效转化，这就涉及图书流量的留存和转化。

如何留存图书流量？

图书流量的留存是指作者用公众号、个人微信号、企业微信号等把图书营销转化过来的新流量承接住，再利用好的内容将新流量留存。一般来说，用来留存图书流量的容器有以下几种：

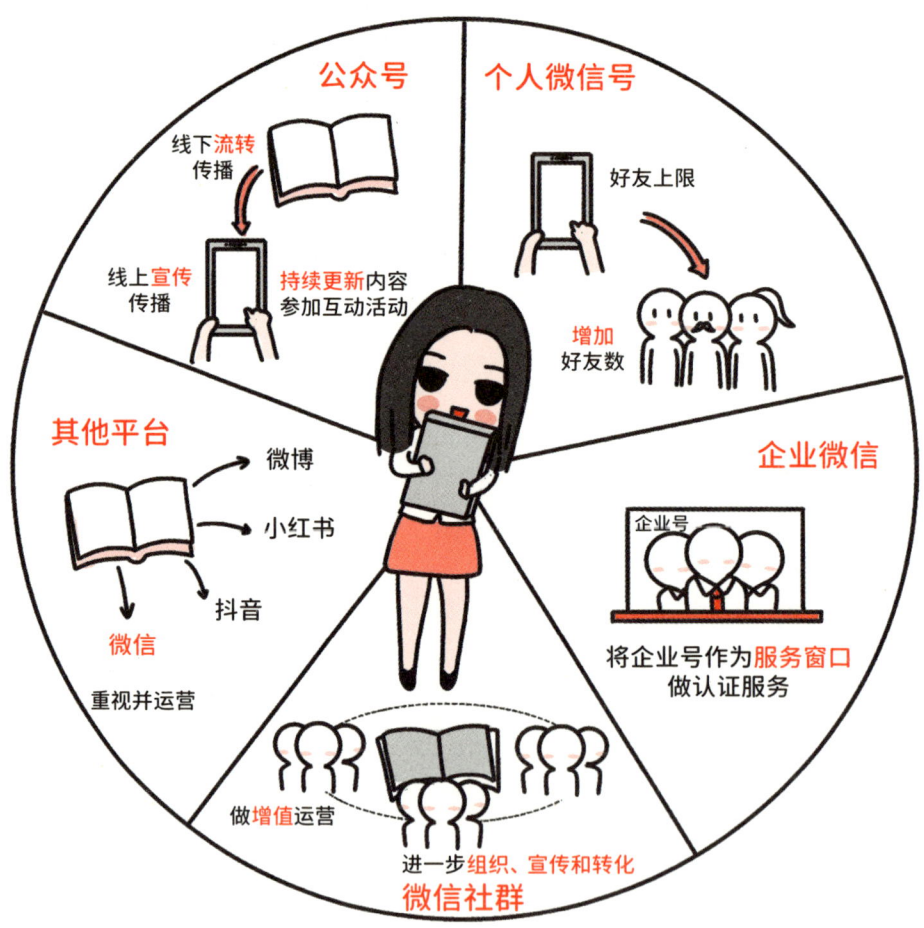

1. 公众号

公众号是作者持续发出专业内容的平台，图书在线下流转传播，公众号是在线上宣传和传播。在图书中可以引导读者关注作者公众号，读者可以通过公众号获得持续更新的最新内容，参加赠送礼品等互动活动。

2. 个人微信号（客服二维码）

微信现在已经是人人必备的一个 App 了，不管是工作还是生活，微信都发挥了重要的作用。目前，个人微信号的好友最多可以达到 5000 人，所以要尽可能地增加微信的好友数，对于作者来说，不仅不要为新增加好友设限，还要尽量公开自己的微信号，让更多的读者可以零距离接触自己，通过朋友圈营销展示自己的专业和个人魅力。

3. 企业微信

企业微信是让每个读者都成为企业服务的窗口。企业微信不仅包含了个人微信绝大部分功能，包括一键群发、标签群发、社群群发等，还可以提供品牌名称的背书，实现客户共享。

4. 微信社群

在图书出版过程中，作者可以围绕图书主题搭建各种配套社群，做增值服务和运营，进一步组织、宣传和转化。在社群中可以通过输出日常内容、讨论常规话题等形式来运营。日常可以分享图书观点、金句，做图书阅读打卡等，为读者提供有价值的内容；也可以围绕图书观点进行发言讨论，并发送有价值的课程、学习资料，营造学习氛围，让读者逐渐对社群产生依赖，成功留住图书流量。

5. 其他平台

一般来说，如果作者有跟其他平台合作的课程，可以引导到其他平台，如网易云、微博等，但是现在还是要充分重视微信系统，利用微信这个系统做运营和转化。

提前编辑好回复的内容，通过引流引导新用户关注，后续不断有新的引导触达新的免费体验、低价课体验。导流到公众号，读者按照书中提示输入关键词，就会有以下回复内容：

- 回复"PPT"，即可获得本书配套的精美 PPT；
- 回复"思维导图"，即可获得本书配套的全部的思维导图；
- 回复"社群"，即可获得从 0 到 1 搭建付费社群的操作流程；
- 回复"直播"，即可获得"直播小白课程"，教你 0 粉丝做到万人场观；
- 回复"个人品牌"，即可获得"个人品牌变现"精华课程；
- 回复"咨询"，即可获得 1 次免费一对一教练咨询答疑。

这里的文案都是精心设计好的，有数字，有关键词，凡是需要学习个人品牌和社群的读者看到就很感兴趣，而且这份图书配套的资料还不仅仅是 PPT、思维导图的资料，还有超预期的礼品：社群的操作流程、课程、一对一免费咨询等。通过关键词 + 数字 + 超预期 + 细致引导，这样周到的回复文字以及服务就可以稳稳地将这些新流量引导到作者的流量池中。

如何转化图书流量？

1. 转化的前提是搭建好成熟的产品矩阵

图书是知识 IP 打造个人 IP 过程中一个重要的引流产品。从公域流量到私域流量，通过图书漏斗得到的这些流量是自己专属的流量，非常珍贵，如果要运营和转化这部分流量，必须有配套的回报型产品来实现。

产品矩阵分为两部分：影响力产品和回报型产品。影响力产品分为：新媒体、图书、文创、社群、导流课、直播等；回报型产品分为：网课、训练营、付费社群、线下课等。图书是影响力产品中的一种，后续一定要有回报型产品做依托和转化，毕竟影响力产品变现效果太有限。

目前国内图书定价不高，还有折扣，到手也就是几十块钱，但是后续作者要通过把书的流量沉淀到自己的私域池子里，先从影响力产品获得流量到自己池子里，继而再通过回报型产品来转化，获得大的商业价值。

2. 转化图书流量的方式

（1）在图书里发放课程的优惠券，激发读者购买课程的欲望。读者看了书觉得不错，发现还有跟图书配套的课程，又有优惠券，就很容易去平台直接下单。

（2）在图书中导入作者的公众号二维码。有的作者有很多公众号，那么就要根据这个作者和图书的定位来导入相应的公众号，一定要对号入座。在这个专业对口的公众号中，要准备丰富的内容，如各种"种草文"、各种课程介绍。既然读者买了一本书，那么他就有学习相关主题的需求，这里可以提供各种素材、模板、技巧、课程、与作者的互动，这样就很容易完成转化。

（3）加作者个人微信号，围观作者的朋友圈。作者在朋友圈可以经常"种草"一些课程，发布专业知识内容，持续让读者感到作者的专业度和个人魅力，近距离接触读者，继而为后续的转化做好准备。作者一般都有高价的产品，但是一般用户不可能上来就报这么贵的课程，一定是从引流产品中一步步选拔和转化而来的。

（4）在图书中留有客服微信号，读者可以参加作者提供的免费体验营。如果读者在阅读图书过程中感觉很有价值，这时候发现还有一个免费的体验营还是很愿意参与的。在体验营结束的时候，可以让运营的小伙伴们发限量限时的优惠券，刺激大家购买，转化高价课程。

（5）直接参加共读营，通过社群的浸泡和影响，再在里面转化高价课程。一般情况下，课程比书贵，所以也可以通过买共读营产品送图书，这样通过线上线下深度绑定，在共读营的社群里，可以继续发放相关课程的资料，鼓励大家进阶学习。

（6）直接进企业微信的书友群。在企业微信的书友群中，通过在群里做内容宣传、"种草"其他高价产品，转化高利润。

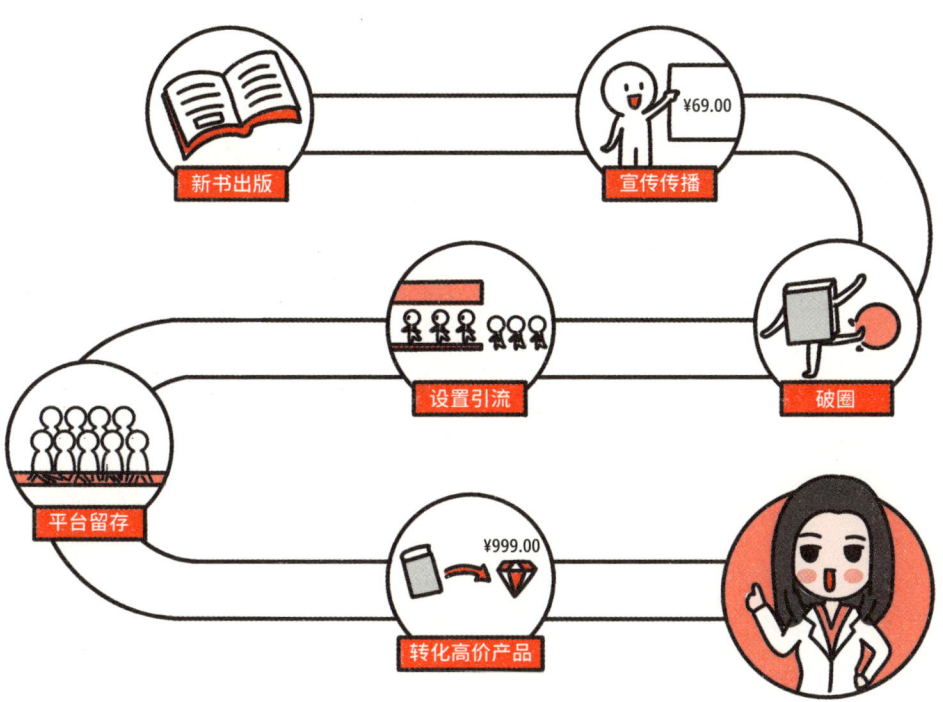

通过这样的闭环操作，图书就完成了流量变现的使命，帮助作者拓展影响圈，通过图书榜单、读者推荐、书评等不断触达新的用户，通过书中自带的收集器，让新读者沉淀到自己的平台中，再进一步通过服务和产品来进行转化，实现更大的商业价值。

【爆款关键点】

图书出版只是第一步，图书出版之后的营销和转化新的流量，才是作者打造个人品牌的关键一步。这需要作者在图书内容中设置流量转化的接口。如果做不好这一步，那读者再想找到你就没有通道了。

扫描二维码，关注公众号，

输入"变现"，获取神秘锦囊。

Chapter

06

————

爆款图书营销的
3 大建议

画龙点睛：
如何起一个灵魂书名

【请你带着这些问题阅读】

1. 书名的组成部分有哪些？

2. 什么样的书名是好书名？

3. 如何起一个好书名？

书名是图书的灵魂，吸引着读者的眼球，关乎着读者对这部作品的第一印象。

俗话说"秧好一半谷，题好一半文"，这里的"题"是指主题，也指书名，对于一本书，书名的重要性不言而喻。很多人都遇到过标题党，正是因为标题吸引人。对于图书策划来说，好的书名是策划中的重要一环，所以重视和不断打磨一个好书名，对于作者和编辑来说都是值得的。

书名的组成部分

书名就是一本书的名字，当然也是一本书的题眼，最重要的部分。但是实际上，书名还分为好几种，分别是：主书名、副书名和丛书名。《六项精进》就是主书名，这本书是该系列中的一本，所以它还有个丛书名："稻盛和夫经典演讲系列"。《心：稻盛和夫的一生嘱托》这里的"心"就是主书名，"稻盛和夫的一生嘱托"就是副书名。

1. 主书名

主书名是一本书中最重要的、必不可少的部分，它是 CIP 信息中记载的书名，也是封面、书脊、扉页中必不可少的元素，而且非常显眼，人们在现实中称呼某本图书也是直接说主书名。主书名起得好，这本书自己就会说话，自带吸引力和传播性。好的书名带来的效应和畅销度完全不一样。卡罗尔·德韦克的《终身成长：重新定义成功的思维模式》是一本超级畅销书，从出版行业专业的开卷数据来看，目前零售累计销量已经达到了 130 多万册，但是大家可能不知道的是，这本书在 2007 年就出版过，叫《心理定向与成功》，开卷累计数量仅为 1056 册。同一本书，同一个作者，为什么会有这么大的不同？除了翻译者不同之外，还有一个很重要的因素：书名不同。主书名《终身成长》一经出版甚至引领了社会风潮，大家现在都喜欢说自己是：终身成长者。可见一个好的主书名真的可以撑起图书畅销的半壁江山。主书名是一本书最重要的题眼，不仅要求准确、恰当，还要起到升华、点睛的作用，这样才能在读者的心目中占据心智的头部，形成定位效应。一般主书名是比较简洁有力的，因为它担负着传播的责任，甚至有时候就是一个概念、理念的提出。

2. 副书名

副书名其实并不是一本书必需的部分，但是主书名不足以给到读者足够的信息时，或者主书名不适合放那么多信息时，就可以启用副书名。主书名负责震撼和传播，所以它要求简洁有力，那么在图书内容的准确性、周延性以及读者范围的限定性上，就需要副书名来补充。比如上文提到的《终身成长：重新定义成功的思维模式》中的副书名"重新定义成功的思维模式"，就让读者知道这本书是讲一种全新的成功的思维模式，而不是其他内容。

3. 丛书名

丛书名也不是一本书必需的书名。市面上的图书品种很多，单本书不足以激起多大的水花时，出版社会考虑走产品矩阵，按照套系来规划图书产品。如果是套系架构的图书，就要上丛书名。在销售中，不论是实体店上架，还是网店下单的链接，抑或是组套销售，都是为了让大家知道这是一套丛书。卖其中一个分册，读者看了就知道原来还是一个系列，还有其他类似的分册，以激发读者购买，带动销售。这样不仅更有影响力，而且容易形成拳头的组合效应，对图书的宣传推广更有帮助。丛书名不同于单本书名，它更加包容、层级更高，这样才能容纳里面的所有分册。

好书名的标准

这里我们重点谈一下优秀的主书名的标准，我总结为以下三点。

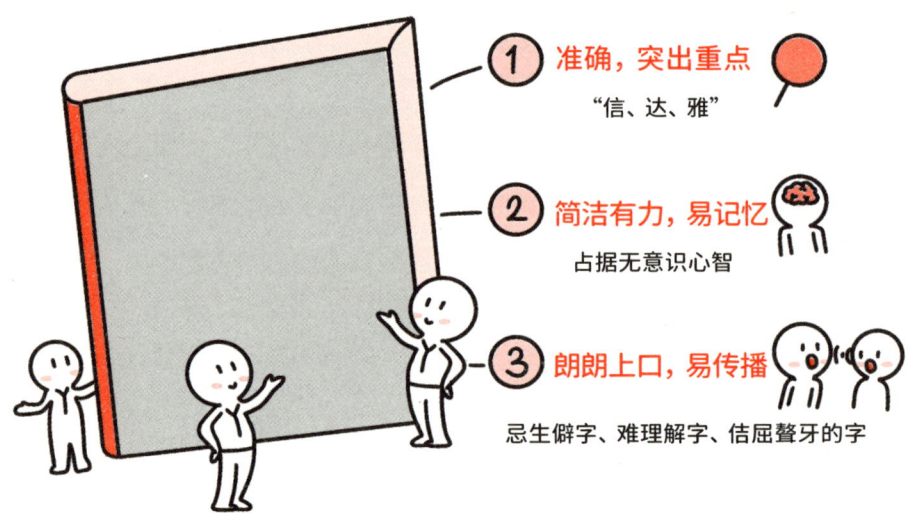

①　准确，突出重点
"信、达、雅"

②　简洁有力，易记忆
占据无意识心智

③　朗朗上口，易传播
忌生僻字、难理解字、佶屈聱牙的字

1. 准确，突出重点

好的书名就像翻译的三重境界一样：信、达、雅。

第一步，信，是指书名的信息真实明了。书名要传达出内文的真实信息，没有夸张或者捏造的不实内容，客观地呈现出这本书的本色。

第二步，达，是指范围准确。这样的书名在向读者传递出准确的图书含义，让人一看就知道这本书说的是什么内容、针对什么人群、解决什么问题。这样就可以吸引真正的、精确的受众人群，而不是混淆视听，把不是这本书的受众人群也吸引过来。

第三步，雅，是指在准确、通顺、明了的基础上，要让人有好的感受，对仗也好，隐喻也好，画龙点睛也好，都是让人为之眼前一亮，有记忆点和特色。

书必须要给对的人看，这里的"对的人"可以理解为真正对书的内容有需求的人。书只有到这样的受众人群手中才算有价值，而且他们也会宣传和传播这本书。如果起个并不准确但特别有吸引力的名字，读者一看里面内容，发现并不是书名所说的那样，可能会恼火，在豆瓣、网店上一顿差评都是有可能的。所以书名一定要准确，哪怕达不到雅这个境界，都没关系，最基本的是要确保信、达，真实、准确，把这本书的核心点提炼出来，那就是一个及格的书名。

2. 简洁有力，易记忆

前几年曾经流行过用很长的句子做书名，虽然句子很长，但仍然是一句很醒脑的话。目前来看，图书的书名向简洁有力的方向发展，不论是长是短，易于记忆这个点始终都是没有变化的。只有这样，才能在读者大众的心中种下种子，占据社会无意识的心智。比如说吴军老师的人生进阶三部曲：《见识》《态度》《格局》，都是非常简洁有力，直击重点，而且让人过目不忘。

3. 朗朗上口，易传播

在起书名时，一般不要用特别生僻的字词，不要用特别难理解的字词，不要用佶屈聱牙的字词，两个字也好，三个字也好，四个字、五个字都可以，就是一定要多读一读，不要在含义上、语音上艰涩、不通顺。好的书名朗朗上口，就像古代好的诗歌一定是特别容易上口的，所以注定了有生命力，可以流芳千古，直到今天大家还都在传播。比如说《富爸爸穷爸爸》《父与子》《小王子》《断舍离》《向上生长》等，都是符合这个标准的。

好书名的几种常用用法

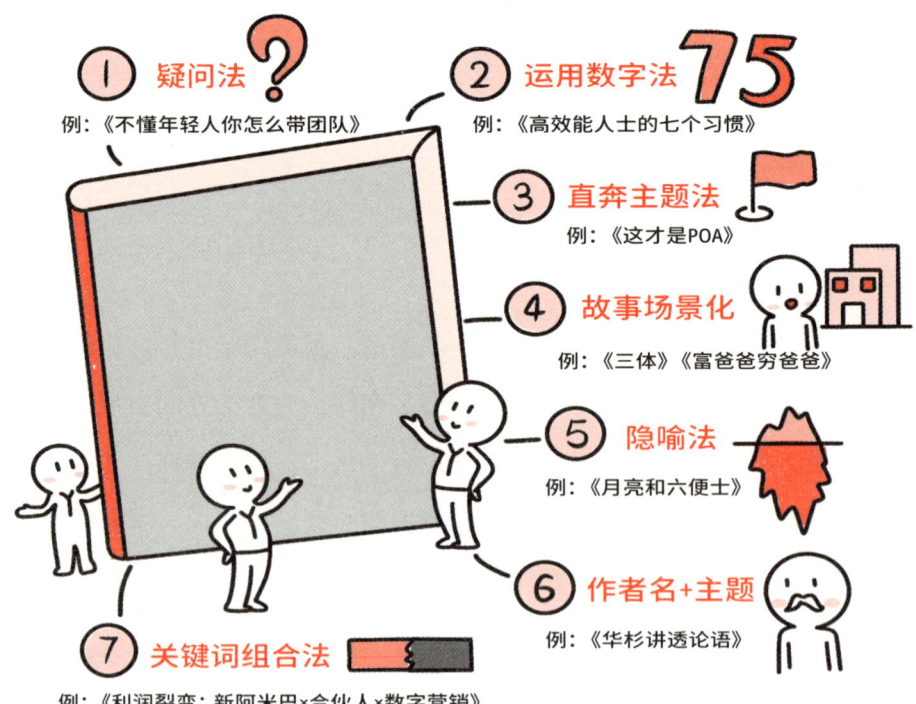

① 疑问法
例：《不懂年轻人你怎么带团队》

② 运用数字法
例：《高效能人士的七个习惯》

③ 直奔主题法
例：《这才是POA》

④ 故事场景化
例：《三体》《富爸爸穷爸爸》

⑤ 隐喻法
例：《月亮和六便士》

⑥ 作者名+主题
例：《华杉讲透论语》

⑦ 关键词组合法
例：《利润裂变：新阿米巴×合伙人×数字营销》

1. 疑问法

疑问法是通过疑问的方式来激发读者的注意力，站在读者关心的角度上来发问，这样会给读者营造一种迫切要解决问题的感觉，让读者看了就觉得说到了自己心坎上，以促成购买的冲动。比如《如何说孩子才会听 怎么听孩子才肯说》《不懂年轻人你怎么带团队》《不懂激励你怎么带团队》《不懂人心你怎么带团队》等。

2. 运用数字法

在书名中，运用数字法是一个非常好用的方法，因为数字更直观，读者一下子就能记住这个数字。并且因为数字的这种表达方式，书名和内文都会因此而梳理得非常有层次，读者一目了然，能够清晰地抓住重点。这种书名传播效果很好，比如《高效能人士的七个习惯》《五种时间》《洛克菲勒写给儿子的 38 封信》《领导力 21 法则》《一年顶十年》。

3. 直奔主题法

还有一些书名，不绕弯子，不搞花样，直奔主题，把自己的核心理念放在书名上，这样也是可以的。大大方方让读者知道这是一本什么样的书，以吸引真正需要它的读者来。概念类的图书建议用这种书名，好的概念就是要直接打响打爆，快速占领读者的心智，比如《这才是 POA：可复制的极简管理哲学》《领导力就是不装》《非暴力沟通》《断舍离》《人性的弱点》。

4. 故事场景化

有一些图书是通过故事来展开内容的，所以直接在书名上用这个故事，既能向读者透露这本书的内容，又富有故事性和情节性，吸引大家的好奇心和注意力。比如《三体》《被讨厌的勇气："自我启发之父"阿德勒的哲学课》《蛤蟆先生去看心理医生》《解忧杂货店》等。

5. 隐喻法

隐喻是一种不同于明喻的手法，它非常巧妙，一般来说是以两物之间的相似性来做间接暗示的比喻，可以使读者发挥想象力，而且深入人心。比如《月亮和六便士》《破茧》《追风筝的人》，这里面有字面含义，也包含着内文中的情节和深远的隐喻，会让读者读后仍然意犹未尽，回味无穷，这样的书名一定会给图书增色不少。

6. 作者名 + 主题

一般起这种书名，作者一定是非常著名的大咖，所以在书名中加上作者名，本身就是一种流量的吸引。比如《华杉讲透孙子兵法》《华杉讲透论语》《华杉讲透王阳明传习录》《樊登讲论语》《穷查理宝典：查理·芒格智慧箴言录》等，这样的书名具有名人效应。带有作者名的书名，既是一种背书，也是一种个人品牌的再次强化传播。

7. 关键词组合法

这种书名是把这本书里面的关键词提炼出来，一般来说放在副书名，是用来展示图书的范围和重点的。比如《利润裂变：新阿米巴 × 合伙人 × 数字运营》就很清晰、明了。

当然，这几种方式并不是独立存在、相互排斥的，它们可以做组合，有的书名用了不止一种方法，而是组合使用，这样效果更好。

书名在很大程度上决定了读者是否想要读这本书，好的书名可以让读者念念不忘，所以一定要熟练掌握本章所讲述的疑问法、数字法、直奔主题法、故事场景法、隐喻法、作者名＋主题法、关键词组合法，给自己的图书起一个惊艳的书名！

【爆款关键点】

好的图书书名自带话题性，能够享受到图书市场给这本书带来的自然推流。书名在很大程度上决定了图书是否能够成为爆款，作者必须要明白与我们竞争的并不是其他类图书，而是"王者荣耀"。

用心连接：
如何准备文前、文后等材料

【请你带着这些问题阅读】

1. 图书中除正文外还有哪些内容？

2. 文前内容主要包括哪些部分？

3. 文后后记通常写哪些内容？

打造个人品牌是全方位的，文前、文后部分因为独立且醒目，也是需要重点打造的环节。

很多作者以为提交完正文就意味着全部交稿了，其实，写书跟写文章不一样，不是把主题文章一提交就可以了。图书作为一个完整的部分，还有文前、文后、封面、扉页等组成部分。所以在正文完成之后，作者就可以着手准备这些内容了。

很多新人作者对这部分不是很了解，因此我在这里一一给大家做介绍。文前包括序、前言，文后包括后记等。这些内容是图书独特的组成部分，也是我们打造个人品牌重要的阵地，所以在这些地方，作者们一定要重视。

文前

文前包括序和前言。如果按照作序的主体来分，序分为推荐序和自序。推荐序是作者邀请行业内比较权威和专业的大咖来写，而且尽量找熟悉的人来作序，这样才能写出一篇好的推荐序来。推荐序是一部作品的背书，所以书稿完成之后，可以给这位作序的专家看一看，这样他对书稿有了整体的把握，就可以更加准确地推荐了。

自序是作者自己写的，在自序中，作者可以向读者展示为什么要写这本书？写这本书的背景是什么？自序是一个特别好的展示作者深层价值观的地方，在一些专业性很强或者拥有独立情节的正文中，作者很少有机会跟读者直接对话，直抒胸臆。因此自序部分就是一个很好的舞台，作者可以通过自序部分来圈粉。

除了作序主体的不同之外，序还可以按照是否为套系图书划分为：丛书序和单书序。丛书序是一套书有一个统领的序，每本都有，统一放在最前面，使丛书结构整体统一。丛书序可以请业界大咖来做推荐序，也可以由其中的主编或者统稿人来写。丛书除了丛书序之外，还可以加单书的序，这些都不受影响。至于序的篇数，一般没有限制，我就见过有七八篇序的书稿。当然，这是因为这本书再版了很多次，非常有影响力，这也是有沉淀的标志。一般第一次出书，准备三篇序就可以了。对于新人作者，读者还没有建立起对作者的好感和忠诚度，如果书一翻开全是序，大家可能没有耐心继续看下去。

序是作者背景介绍和作者价值观的展示。前言一般放在序的后面，前言不脱离正文，它的内容与正文息息相关，甚至就是正文的引子和介绍。所以前言部分的写作更多偏向正文的内容就可以了。

文后

文后一般是指后记，后记一般是作者结束了正文书稿，记录写书过程的回顾和思考，一般还会有对在这个过程中给予自己帮助的专家、同事、朋友、家人的感谢，为这本书稿做一个圆满的收尾。

其他要准备的材料

1. 作者简介

200～300 字，要层次清晰，不要把所有的材料都堆积在上面，必要信息点为现任职位、曾经的背景经历以及产出的相关作品等。

2. 作者照片

在非虚构图书中，作者照片建议用商务照，一般是灰底，不要用生活照，与图书的风格要搭配。

3. 作者的公众号或者自己的微信二维码

可以放在作者简介的下面，方便读者链接。不要小看这个，这是图书为作者带来的精准流量，从公域流量向私域流量转化的关键。另外，正文中尽量不要外挂别人的二维码或者链接，我们对其内容和稳定性都是不可控的。如果真的需要这部分内容的话，建议把外链接引到自己的公众号中，在正文中不直接挂外链接，而是引导大家关注作者公众号，回复关键词，即可收获该部分内容。这样一来不仅安全、可控和稳定，而且也为自己成功导流，而不是给别人引流。

4. 广告语

短小精悍，不要太多，否则没有重点。一些可以学习的广告语：

钻石恒久远，一颗永流传。——戴比尔斯钻石

我们只做大自然的搬运工。——农夫山泉

小身材，大味道。——Kisses 巧克力

最懂你的人，不一定认识你。——豆瓣

让好奇心不再孤单。——知乎

征服自己，心就是最野的山。——去野

5. 腰封推荐

大咖的背书和推荐，放上推荐人的头衔和姓名，姓名需要大一点、醒目一点。

6. 英文书名

一般来说加上英文名称显得图书更有高级感，但是英文名称不是必需的。如果封面字数太多，或者设计风格不搭，就可以不用。

7. 推荐语

一般放在封底，与腰封推荐不一样的是，封底推荐语的数量多一些，一般 6 个左右比较合适。另外，除了推荐人的头衔和姓名之外，还可以有一段推荐语，因为篇幅关系，建议在 200 字以内。推荐人可以是作者找，也可以是编辑帮忙找行业内的权威人士进行推荐。等图书出版，作者需要第一时间把新书寄给这些推荐人，他们可能会在朋友圈或者平台上晒书，做宣传。我们也可以把这些大咖的头衔、姓名、照片和推荐语做成海报，做再一次的分发和宣传。

8. 图书简介

图书后勒口或者封底一般会放图书内容简介，这段介绍需要写得短小精悍，不仅可以准确地涵盖这本书的中心思想，还可以拔高它的专业价值，让读者一看就想要购买。现在的书都有塑封，所以在实体店打不开内文的情况下，在网店购买也看不到内容的情况下，封面上呈现的这些信息就非常关键。

9. 相关图书推荐

在后勒口，如果有空间的话，出版社还会把这本书所在的套书信息和封面，或相关图书的信息和封面放在这个位置。这是一个关联推荐，这样一套书相互带动和宣传，比一本书传播的力量和速度强多了。

文前、文后这些"辅助"材料，能够帮助读者更好地打开图书的大门，更加准确地把握图书的内容，理解作者的心路历程，引发共鸣。作者信息、简介、广告语这些"碎片"材料，可以很好地建立起读者与作者的联系。用心准备这些材料，为我们的图书画龙点睛吧！

【爆款关键点】

　　经常有作者问，干货书还是故事书更容易畅销？我的回答是"干湿结合"。"干"是指干货部分，就是我们要给读者提供价值，要给他方法，给他工具，帮他解决问题。"湿"是指我们要有故事性，要体现价值观，要有黏性，打动人心，这就要通过文前、文后，诸如序言、前言和后记这些地方来充分展示。

不战而胜：
3 步做好图书预售期的准备

【请你带着这些问题阅读】

1. 图书预售期的准备内容有哪些？

2. 怎样确定合理的预售时机？

3. 预售期需要准备的物料有哪些？

对于图书来说，市场有需求，作者有粉丝，那么图书的上市就至关重要，对重点图书，出版社往往会开预售。要知道每天上市的新书有几百种，霸占榜单的永远都是那些经典图书。如果不在预售期间做相关活动的话，新书很容易淹没在茫茫书海之中。所以对于重点图书来说，预售就是宣传的开始。

图书还没有真正入库上架，还在印厂印刷过程中，预售就可以开始了。预售就是在网店提前打开购买链接，让读者去预定图书。同时，相关的宣传营销工作就可以开始了，一边宣传、一边引流到预售链接。

预售目的

在预售之前，编辑和作者要制定一个详尽的预售方案，制定预售目标，后面再分解目标，再一一落实指标。比如说，这次预售要得到多少曝光量？在哪些平台上投放广告？在哪个平台上预售？选定的这个平台可以获得哪些资源？可以卖出多少册书？能够上什么榜单？预售群要多少人？能消化多少册书？预售完了之后，有没有配套的其他产品？

预售的时机

天时地利人和，任何一次预售都讲究时机。有几点需要注意：

首先，不要跟同品类限量级大咖图书同时上市。曾经有一本书做预售，作者有很多社群的资源，也请了很多大咖来助力，但是当时就碰上了同品类一个超级大咖的图书上市，尽管作者动用了所有的资源和力气，到最后还是没有获得平台的榜单冠军。所以在预售前，一定要找平台打听一下，尽量避开这种时间。

其次，不要在特别大的促销节日期间预售，比如"6·18""双十一"这种大促日，这段时期是购物狂欢季，如果"种草"的商品很多的话，大家有可能会过度消费，就不一定会买书了。这段时间，物流也会受影响，万一读者很久没收到货继而投诉到平台，也会很麻烦。

最后，选定的这个时机可以是平台的日常促销期，因为购书的平台如当当和京东，每个月都有活动期。如果放在平时的活动期，既有活动可以参加，又没有其他特别大咖的图书撞期，就比较容易冲上榜单冠军。

预售的物料

图书预售其实是为了让大家知道新书即将上市，并且向大家宣传图书的内容，既然是活动，那么一定需要气氛才能够烘托出新书上市的热闹。因此在预售之前，作者需要跟出版社编辑一起充分准备以下物料，只有提前准备，保证有充分的物料跟上，才能助力新书预售的圆满完成。

1. 限量的签名版和彩蛋

对于有粉丝的作者来说，签名版图书能很好地拉近作者和读者之间的关系。如果一本书首发时有限量签名版的话，更容易激发读者的兴趣和关注。作者签名分为两种：一种是签售会，作者可以与读者见面，当场签名并合影留念，这是线下的粉丝见面会。还有一种是在图书装订前，作者把签好的签名纸寄回印厂，由印厂直接装订成册，再进行塑封。这些签名版会分到各个销售渠道。读者拿到签名版图书往往会晒图分享，形成一波曝光。

除了签名版之外，还可以制作少量的彩蛋版，比如说赠送作者签名的明信片，或者作者在扉页上写给读者的寄语，宣传中可以表明这是彩蛋版，幸运的读者可以凭此去作者公众号获得惊喜，等等。这样的互动能很好地调动读者的积极性。

2. 征订信息和海报

在预售前，出版社就要给各大书店、网店发送新书的征订信息。这是向商家发出信息的第一步，决定了征订该本图书的数量。在图书征订信息中，有以下非常关键的信息，一定要传达到位：图书简介、书号信息、图书定价、出版背景、作者简介、图书特色、目录、样章、封面立体图和平面图、图书海报、推荐人信息等。

图书简介、书号信息等图书基本信息是必需的，图书定价、出版背景、图书特色、作者介绍、推荐人信息等虽然不是必需的，但是很重要，不容忽略。只有凸显了图书的定价、出版背景，才能让发行人员对这本书出版的宏观（图书出版背景、图书定价）、中观（推荐人信息）、微观（图书特色、作者背景、封面图片）视角进行全方位的了解。全面了解之后，书店或网店才会重视起来并且把获得的信息再一次向潜在读者宣传。如果商家自己都不明白，怎么会向读者详细介绍呢？

除此之外，也可以把这些信息做成图片形式的长海报，即图书详情页，可以做朋友圈宣传，也可以放在网页上，让读者一目了然。

需要强调一下，图书的封面一般需要提供一幅立体图、一幅平面图，不同的平台要求不一样，所以准备要充分，供各平台各取所需，这样效率就更高了。

3. 试读内容

如果预售期间需要做社群，最好准备一下试读内容。读者愿意进入预售群，就说明他对这本书感兴趣。在入群时，及时给他发个少量正文内容的试读文件，如果他很感兴趣，就会促成下单。

一般来说，试读内容涵盖封面、扉页、序、前言、目录和第一章内容。就是去实体书店，读者买书之前一般都会翻一翻这些内容。封面信息已经把重点内容展示出来了，目录更是展示了这本书的概况。序和前言也能够了解本书的背景和意义。第一章内容一般也是非常精彩的。这些内容已经可以满足读者了解的需要。同时，内容试读对于线上读者来说，也比较友好，读者有了非常好的了解图书的渠道，而不是盲目购买。

4. 金句卡片

在图书审校结束之后，作者和编辑可以有意识地从正文中挑选一些经典的语句作为金句，把这些金句挑选出来，一方面可以放到微博、豆瓣、知乎等平台页面上，用于宣传本书；另一方面可以做成金句卡片，把这些金句和图书购买的二维码都放在海报上。做营销活动的时候，就可以在各社群分发传播，让更多的潜在读者看到好的内容，如果哪句话打动了他，读者可能随手就下单购买了。

在图书出版之前，一定要尝试多种预热的方法，利用一切可以利用的资源曝光图书，提高图书的关注度，这样才能让图书在茫茫书海中脱颖而出，吸引更多读者的目光，更有机会成为爆款书！

【爆款关键点】

图书营销并不是从图书销售的那一刻才开始，在新书下印的阶段，就要制定图书营销策略并准备营销期间的资源和物料了。我们首先要设定图书营销目标，然后再围绕这个目标去盘点资源、做充分准备，不同的目标匹配不同的工具和方法，只有这样，才能真正做到不战而胜。

扫描二维码，关注公众号，

输入"营销"，获取神秘锦囊。

后 记

　　结束书稿写作的那天下午，我照例开着车行驶在接闺女放学的路上。那天秋高气爽，加上刚刚完成书稿，心情好惬意，车里刚好放着《500 Miles》这首歌。

　　不知道为什么，当我看着车两边的后视镜，镜子里倒映的正是连绵的西山，而车两边都是高高低低、远远近近、错错落落的绿化带、商铺，这些景色像电影画面般一帧帧快速地过去。那一刻我有一点恍惚，仿佛看到了我从事出版编辑工作这么多年来遇到的人、遇到的事，我禁不住鼻子一酸，瞬间湿了眼眶。是的，不论路过什么样的风景，不论遇到什么样的人，酸甜苦辣、欢声笑语，其实都会过去，但是我内心里始终有那么一份热情和倔强，就像后视镜里的西山一样，无论怎么走，它都一直在我的内心深处，那么高大，那么巍峨。

　　在从事编辑这份工作之前，我只是喜欢写作、喜欢阅读，但是没有想到有一天我会用这种方式把工作跟自己热爱的事情结合在一起。我很感恩这份工作，让我跟书、知识之间连接得这么紧密，同时我又发现这份工作给我带来一种超级链接者的身份。因为书，我认识了很多的优秀作者，他们都是各个领域里的领头羊，在与他们交往的过程中，我得到了知识和义理的充分滋养，同时也得以迅速地成长和跃迁。

2021 年 10 月，我选择了转型创业，因为我看到了自己更大的使命。我希望自己能够去连接到更多对的人，用文字的方式去萃取和传播更大的爱和价值。在这个过程当中，我感恩所有的遇见：

感谢秋叶大叔，当年是大叔把我带到了社群，带我走到了个人品牌这条道路上，给了我很多宝贵的操练和精进的机会，让我的人生有了色彩斑斓的可能性。

感谢猫叔，老师屡次在我人生的关键路口，给了我醍醐灌顶的点拨和极大的支持帮助。勇气是最大的才华，这些年来，老师的这句话一直照耀着我前进的道路，得以一步步地让我把梦想照进现实。

感谢海峰老师的坦诚大度和高格局，让我突破了很多内心的限制，让我有了更多绽放的可能性。

感谢台海出版社刘峰总编，待我亦师亦友，一直在我编辑出版的专业道路上给予我很大的支持和帮助，是我事业上的贵人。

感谢法律出版社重大项目办张岩主任，你是我生命中的天使，在我人生至暗时刻，在我自己怀疑自己的时候，是你一直陪伴我、鼓励和信任我，一路见证我的蜕变。

感谢王不烦博士，我在你的身上，看到了作为一个妈妈、作为一个女性如何突破自己的限制，如何获得更大的支持和力量，并且有勇气走出来影响更多的人，你是我的领路人。

感谢朱玲，从你身上，我学会了积极、正向，学会了如何让自己具有超强的行动力，我一次又一次地打开自己的封印，让自己获得了一次又一次的蜕变。

感谢江晓露和张小桃，在书稿形成的过程中，你们给了我很多温暖的鼓励，提供了很多有用的反馈，让书稿更加丰富和完善。

感谢崔玲姐、孙晓英，你们都是我的好姐妹，不论是在工作中，还是在生活中，都给了我无条件的爱和智慧的指引。

感谢我的各位作者和好朋友们。在书稿完成的第一时间，我提前把试读版发给了大家，大家给了我非常热烈的反馈和意见，并且热心地给我写推荐。我把这份满当当的爱化成了惊喜的彩蛋，放在文后，与读者共同分享。每每看到这些暖心的话，我的内心充满了爱和感恩，因为有你们，我更加有前进的动力，星星之火可以燎原，我们一起做明心见性、文以载道、传播智慧的事业。

感谢我的父母和爱人邢学文，你们的爱是我最坚实的后盾，感谢我的闺女悦悦，给了我源源不断前进的动力。

感谢相信和支持我的各位作者，因为有你们，我更加有前进的动力，把写作、出版和传播的事业持续地做下去。

这辈子，就是要跟喜欢的人一起做喜欢的事情，希望这本书连接每一个美好的你！

彩 蛋

这里是一个彩蛋，这里有晴山老师的作者、领导和朋友们写的试读反馈和推荐，希望和读者朋友们一起分享这份浓浓的爱和感恩！

于乐芳
多元升学规划实战派专家，《新高考志愿填报 199 问》作者

晴山老师是我的图书出版及营销策划人，在她的精心指导下，我的新书《新高考志愿填报 199 问》上市当天就售罄，并获得了当当网"十榜第一"的好成绩。如果你是个新手小白，如果你也想成为写书高手，那么《打造爆款书》会让你离梦想更近一步。

朱玲

《努努历险记》主编，旅行作家，个人品牌商业顾问

我是晴山老师的作者，在她的帮助下，我的第二本新书即将上市。读到《打造爆款书》这本书，我非常惊喜，书中提供了系统全面的方法教你如何通过写作来卖爆自己的品牌，这真是自媒体人的福音！每个人都有书写的权利，通过写作，你可以梳理自己、展现自己，同时又能帮助他人，优秀的你一定不要错过这样的机会！如果你读到这本书脑海中也冒出了"我也要写书"的想法，请不要犹豫，勇敢去写，也欢迎你来找晴山老师当教练！

柚子君

四季春藤商业咨询联合创始人

晴山在出版行业深耕多年，帮助过上千位作者提升影响力。我们曾有幸合作，在交流中不禁感叹她扎实的专业功底，她是出版行业中的专家。这是一套落地性极强的实战方法论，书中的每字每句，都是她沉淀多年的精华，在这本书中，你能感受到字里行间洋溢着的使命感。如果你想让自己的个人品牌的价值增值百倍，这本书就是你最好的礼物。

孙晓霞

正爱品牌策划创始人，三兆食品有限公司董事长，知名零售行业亿级企业家社群主理人及私域运营顾问

晴山的新书《打造爆款书》是一本写作领域的宝藏书，无论你是想成为畅销书作家，还是希望提升自己的写作技巧，这本书都能满足你的需求。我认识晴山已有几年，不论是我还是我身边的企业家，都被她的专业所折服。如果你有一个写书的梦想，相信我，在她的帮助下，你会梦想成真。

彭芳

亿级私域发售导师，企业增长实战家，《引爆：IP 发售与文案高手》作者

晴山是我的写书教练，荣获当当网"十榜第一"的我的书——《引爆》，出自她的悉心指导。她是我见过的人中，既有思维高度，又有实战厚度，集出版与营销才华于一身的人，这本《打造爆款书》值得你多读几遍，用最低成本学到精髓。

王子冯

万人微商团队长，私域流量商业顾问

图书出版已经成为打造个人 IP 最关键的一环，为什么我推荐大家用图书去打造个人"金名片"？那是因为图书定价不高，但却有强有力的背书，更容易受到行业内认可，出一本自己的爆款书籍，更容易带你破圈。强烈推荐给即将准备出书却无从下手的你们。

香港金融侠侣

《财富自由从 0 到 1》畅销书作家，知名财经多媒体"香港金融侠侣"主理人

看完《打造爆款书》后，你会发现出一本畅销书居然有很多深奥的学问，尤其是在新书定位、内容结构设计、宣传策划和读者流量的引导上面，都需要围绕作者的 IP 而量身定制。这本书详细讲解了 21 个出爆款图书的法则，我强烈建议想好好出书的作者，用心阅读这本书中作者教的写爆款书的心法，把自身的品牌通过出书推到巅峰。

茜姐

七色花智慧文化创始人

我认识晴山老师很多年了，她不仅专业，品行善良，在圈内人缘极佳。读完这本书，晴山的文字，深入浅出，真诚走心，字里行间都是满满的诚意，读来倍感亲切的同时，又感到酣畅淋漓，收获巨大。她把几千小时的辅导经验，毫无保留地倾囊而出，总结出了很多好用的写作模型，还有可爱的插图，方便你理解和应用。我特别想推荐给每一位渴望出书、渴望写出一本让你身价百倍的书并且想要把书卖爆的朋友。

笛子

日不落出海联盟发起人，福布斯环球联盟创新企业家，G20YEA 菁英企业家

晴山老师非常擅长用图书的方式帮助"大咖们"提升影响力，我就是亲身受益者。通过这本书，你能够清晰地了解到如何用一本书让自己的事业"坐电梯"，得到飞速的提升。这个时代，节奏太快，信息爆炸，可能越来越多的人没有耐心看书，但是请相信一件事：真正的企业家和认知高的创业者一定会看书。看看这本书，然后开启用书助力个人品牌提升之路吧！

孔蓓

个人品牌营销顾问

晴山老师把她 13 年的写作、出版经验浓缩在这本书中，每一位有写书梦想的人，都要认真读三遍并落地实操，因为她实实在在助力我的第一本书卖爆了！

丽娴

商业顾问，心理学专家

每个人都应该建立一套体系，用最简洁的思路和最清晰的表达，通过写作的形式放大自己的影响力，打造个人品牌，实现个人价值的提升。所以，一定要拥有一本涵盖自己毕生智慧的书，它将会是你在行业内行走的"金名片"。

甘群妃

心理咨询督导师，个人品牌顾问

晴山身上有一种奇妙的力量，她能够让想写书又害怕写书的人喜欢上写书，又能让会写书但不懂商业的人喜欢上商业，还能让既懂写书又懂商业的人更喜欢自己，甚妙！

王艺霖

畅销书《父母对话青春期》作者，国家二级心理咨询师

翻开序言，我的心就被深深触动，这就是不一样的晴山老师。在出版专业上，她是一位果敢、淡定、条理清晰的优秀出版人，在出书定位、爆款书的逻辑拆解、如何高质量成文乃至爆款图书营销等方面有着非常丰富的实战经验。在为人品质上，晴山老师温润如玉，腹有才华，是一位难得的良师益友。这本书就犹如她用自己专业的好笔，蘸满过往人生的佳墨，挥洒而就的大作，相信一定可以让准备出书的作者们有惊喜的收获！

有西子、曾老师

美学天团创始人，小红书生活美学博主，小红书书法博主

晴山老师不仅是一位"宝藏"创作者，更是一位"宝藏"的挖掘者。我从不知道，自己竟还能通过"写写画画"来完成一本书的创作，直到我遇到了晴山老师。通过跟她进行一次次的思想碰撞，她一点点翻箱倒柜地把你所有"潜能"全部挖掘出来。比起写了一本书，更珍贵的是，因为晴山老师，我在写书的过程中，遇见了具有无限可能的自己。如果你想写书，但不知道从哪里开始，用什么形式去写，不知道自己有怎样的潜能，那么这本书就是你的宝藏。你翻开这本书，就相当于跟她进行了一次次高质量的对话，然后你也会跟我一样惊呼："啊，原来我也可以这样写书！"

南宫北

企业家生命能量导师，深耕心理领域 10 年，国内知名心理平台首席导师

晴山老师在出版领域深耕多年，同时我也有幸成为她的私教学员，近距离深度连接晴山老师。她的人生智慧和格局，给我深深的影响和触动。这本书将教会你如何从 0 到 1 学会写作，如何打造爆款书。事实上，写作不应该仅仅是作家的专属，而应是每个人都可以掌握的基本技能。这是一本不可多得的好书，强烈推荐给即将写书出版的你们。

张燕

前阿里巴巴培训讲师，海外资产配置专家，连续 8 年百万圆桌会员

晴山老师作为深耕出版和写作辅导行业多年的老师，她在辅导过程中会运用非常专业的工具和流程，每一次辅导后都有清晰的总结，让新手作者按照流程就可以慢慢上道。与其自己慢慢摸索，不如有高手带领快速突破，她就是这样的引领者。希望更多新手作者可以因她的引领而受益。

高太爷

定位咨询师，心理咨询师，《意志力红利》作者

这本书读起来，真的让人拍案叫绝，书中讲的不仅是如何写书、如何卖爆图书，更是事物发展、壮大的底层逻辑。通过阅读这本书，我也再次意识到晴山老师对哲学三论"认识论、方法论、实践论"的深刻理解和践行，极为底层的本源认识论，带来让人拍案叫绝的方法论，以及各种"卖爆"成果的实践论，真的是极为精彩。这本书是哲学思想在写作、图书以及商业领域的精彩应用，真心不容错过！

曾雨悦

800 亿资产国企集团副总，国际认证 PCC 专业生命教练

向实战高手取经是最有效的学习方式，而晴山就是在图书出版领域拥有深厚功底和惊艳成果的高手。如果你想出书，这本书非常值得一读，其中针对出书全流程中的各种痛点，都总结了极具实战性的方法论，简直是一本出书宝典，不容错过。

易兴

三十万个大学生品牌创始人，品牌年轻化运营专家，国内多所高校特聘创新创业导师

认识晴山姐以来，我一直被她影响，也有幸看到了她个人的生命成长蜕变。创作不仅仅是文字的组装，而是生命智慧的呈现，这本书是她带着自己长期的沉淀和初心而著，不仅能帮你更快速地掌握出书技巧，还能让你悟到生命成长的真谛，我相信对已经出书的你或即将出书的你都会有很大的帮助！

褚运七
私域营销商业顾问，社群增长实战专家，万人共读联盟发起人

晴山的新书《打造爆款书》是一本实用而又灵感激荡的写作指南，它教会你如何从无到有，如何从一个想法到出版一本书，打造属于自己的爆款力作。晴山以其深厚的写作经验和独特的洞察力，为读者揭示了畅销书籍背后的秘密。她分享了创作过程中的技巧和方法，帮助读者克服创作难题，充满激情地写出卓越的作品。无论你是怀揣梦想的创作者，还是渴望突破的职业作家，这本书都会成为你的知己良友。跟随晴山的指引，让我们共同踏上写作之路，创造属于自己的爆款畅销书！

常慧
财富关系教练，幸福心理学导师

晴山是一位综合实力很强的出版人。在出版领域，她的专业度没得说，她辅导过的作者也都取得了很好的成果。关键是晴山老师特别懂人性，擅长激发你和帮你找到你的特质，这是很稀缺的能力。看完这本书的样稿，我都激动不已，这真的不仅仅是一本图书，更是一本销售手册、自我成长手册，对于做销售、打造个人品牌的人来说，也特别有价值！

燕飞娜 Selena

资深海外学业规划导师，哥大教育心理学硕士，国际注册高级青少年生涯导师，公益慈善家

晴山是我一见如故的好朋友，不仅仅在出书的理念上，而且在做人、做事、做学问上，我俩的三观惊人一致。出书要以文入道，文以载道；出书要个人 IP 先行；出书是作者的金名片、验货贴等理念都是她告诉我的。强烈建议每个想要出书的作者都看看这本书，这本书会让你有意想不到的收获！

侯世霞

荟航企服创始人，《HR 实战学堂：劳动争议案例办理实务》《从 0 到 1：优秀 HR 实战手册》作者

过去的我是为了把知识传播出去而出书，遇到晴山后，在晴山的指导下，我重新理解了出书的意义：出书是立言的过程，必须将图书与个人品牌及未来定位密切结合。这本书是一本出书领域的避坑指南，是知识 IP 从不敢想到卖爆的指路明灯，它不仅告诉我如何写书，还指导我如何通过爆款图书突破圈层、提高收入，建立起自己最深的护城河。

猪先生

个人品牌商业顾问

晴山是我认识多年的资深出版人，在专业上非常靠谱。作为一个创作者，我读完觉得收获巨大。书对于一个作者来说既是作品，也是扩大

影响力的超级武器。本书不仅让我看到把一本书卖爆的内在逻辑，还给出了非常落地的 21 个爆款法则，非常值得内容创作者、知识 IP、短视频博主阅读学习。

李玲
儿童游戏化阅读发起人，资深阅读推广人

"如果你想出一本爆款书，请找晴山。"朋友们都这么说。作为一名编辑，晴山是几百本爆款畅销书背后的女人，这样的成绩非常好看。晴山这本《打造爆款书》，不仅教你写书，还教你把书卖爆，其底层更是在教你如何通过出书打造个人品牌。只要你想成事，这绝对是一本必读魔法书。

孟慧歌
慧歌商业私塾创始人，高价 IP 营销顾问，私域发售累计 9 位数

认识晴山老师两年时间，在我心中，她是一个非常踏实靠谱的出版人，很有匠人精神，出版每一本书，都像对待自己的孩子一样。这本书内含出书详细方法论，是一本宝藏工具书，不论你是否有出书经验，看完都会备受启发。在超级个体的时代，想要做好 IP，打造影响力，出书是必备战略，值得所有 IP 重视！

赛男

性格色彩培训院讲师

晴山老师帮助过无数大咖和素人 IP 出版过书籍，每一位作者她都无比珍视，每一本书她都像对待新生儿一样呵护，因为她本人就很珍惜自己的羽毛，一定会为你负责到底。这本书的出现，是经验，是方法论的集合，一定会让很多小伙伴看到可能性。出书，找晴山就对了。

李超满

演讲冠军教练，生命成长导师

晴山老师不愧是她新书《打造爆款书》的代言人，她的实战经验和理论体系都极其丰富，她不仅在出版界有 13 年工作经验，辅导过 1000+作者出书，帮助多位作者卖爆畅销书，为了把工作做好，她还系统学习过品牌营销理论，这些经历震撼了我。如果你要打造个人品牌或者出书卖书，本书一定会帮你少走很多弯路。

思莉

个人品牌商业顾问，线下大型峰会操盘手

晴山是很多百万粉丝大 V 和知名 IP 的写书和出书教练，大量超级爆款的畅销书都是在她的支持下出版和卖爆的。她帮助了大量的 IP 出圈、成名、事业腾飞。她让我知道，写一本书出来，不光是打造了自己的知识作品，更是真正找到自己。晴山老师毫无保留地把自己的核心专业秘籍在这本《打造爆款书》中分享出来，这本书一定可以帮助更多作者打造出自己的爆款作品和超级影响力，值得每个 IP、知识从业者、各行各业专家一读再读。

金雨麒
高价 IP 商业顾问，高价发售顾问

和晴山结缘于剽悍一只猫老师的私教班，在策划我的新书过程中有了更深的缘分，我很佩服晴山在出书领域的专业度和十多年的深厚功底。这本书总结出 21 个出书法则，哪怕你从未写过书，看完之后都有机会写出自己的第一本著作。如果你未来想要成为畅销书作家，那么遇到这本《打造爆款书》，真的赚大了！

春晓
个人成长教练，一线数学老师

我是晴山老师的私教学员，每一次晴山老师在辅助我写作的过程中，给我的感受是：非常的滋养。那不是"课程""考核"和"指导"，更像是一次老友之间的沟通、畅聊。晴山老师的关键提问非常多，每一次提问的价值都非常大。这些问题不仅仅是为了"出书"，更像是灵魂的洗礼和对内心的呼唤，直到把你内心最真实和纯粹的答案挖掘出来。所以，好几次，我们俩泪流满面。因为，真实是最有力量的。非常感恩这份难能可贵的链接，我认识的晴山老师不仅仅是写作教练，更是一位共情能力极强的心灵导师。

游侠

独立投资人，私人投资顾问，CFA 金融分析师

今天看完这本书，我对出书有了全新的深度了解。这本书就是一本价值连城的出版书籍的宝藏，作者晴山把她十几年的图书出版、打造个人品牌和写作及营销核心的方法论，都毫无保留地分享出来。本书中的方法论和技巧以及实战案例拆解得非常细致，应用好任何一个章节都会有很大收获，唯有用心多看几遍和加以实践才能悟透作者出这本书的良苦用心。阅读这本书不仅是提升写作出书的内功，还能够锻炼打造个人品牌和营销的思维，一本书能写到如此细致和高度实为触动和震撼。强烈推荐想写书出版的各位读者用好这本好书！

心然

企业全案全域增长操盘手，超级 IP 商业顾问，小红书创业赛道博主

在没有遇到晴山前，你可能觉得出一本书大概得举毕生之力，甚至从来没想过，自己也可以出书！或者在此之前你还不知道有人因为出书，让自己身价翻百倍！你可能会问，如此高价值的经验，为何用书的形式让所有人都知道？如果你了解晴山，一定会知道，这背后的原因。她是一个十分靠谱的人，一个说到做到、想到做到的人。她心怀大愿，想要以"写"入道，来助力更多人获得财富，收获幸福。对于影响更多人这件事上，她十分慷慨！

释予欣

私人财富顾问，管理资产过亿

从来没有想过通过出版打造个人影响力，直到认识了有 13 年出版经验的晴山，跟她进行了深度交流后，我更加坚定了出书的想法。

她自己写了一本书——《打造爆款书》，书中都是她多年来实战成功的方法论，可以助你成为一个畅销书作者，大幅度提升个人品牌影响力，强烈推荐！